自治
総研ブックス⑯

国税・森林環境税
ー問題だらけの増税ー

青木宗明【編著】

公人の友社

はじめに

青木　宗明

　国税・森林環境税は、まさに「問題だらけの増税」である。どこから検討を加えても、すぐに深刻な問題点に行き当たる。租税の理論に照らしても、制度の設計や税収の自治体間配分を分析しても、さらには森林・林業への政策効果を考察しても、すべて不適格というネガティブな評価しかできないのである。

　ところが、問題点の多さと深刻さに反比例するかのように、国税・森林環境税の情報はきちんと伝達されていない。問題点どころか、一般的な情報すらほとんど流布されていないのである。このままの状態で2024年になると、国民の多くは何も知らず、良し悪しも認知できないまま、非合理な増税を課されることになってしまう[1]。

　そこで生まれたのが本書の出版構想であり、国税・森林環境税にかかわる情報伝達の試みである。租税や地方財政の専門家として、さらには長年にわたって森林・林業に多大な関心を寄せる研究者として、「言うべきは言わねばならない」という義心に駆られたのである。

　したがって本書の目的は、様々な観点から国税・森林環境税に検討を加え、そこからえられた情報を広く一般に提供することにある。一歩踏み込んで具体的に言えば、国税・森林環境税の多すぎる問題点をすべてお伝えして、この不適切きわまりない増税を阻止すべきではないのか考えていただきたいのである。

---

(1)　国税・森林環境税の増税は2024年から開始される。それにもかかわらず、同税の税収額に相当する森林環境譲与税は、すでに2019年から地方自治体へ譲与されている。

　なお、ここまで繰り返し問題点と強調しているので、誤解されないよう、次の事実は明確にお伝えしておきたい。その事実とは、われわれ執筆者一同、森林整備事業の充実や整備財源の拡充に反対したり、疑義を唱えたりしているわけではまったくないという点である。

　本書の執筆者は、多くの府県で実施されている「森林環境税（名称は府県により異なる）」に様々な形で関与してきており、そのため森林行政にも深い理解と知見を有している。したがって、荒廃した森林を整備することの重要性や、そのための財源確保の必要性については、当然のことながら十分以上の認識を持っている。

　そのような経歴を有する人間が、森林整備や整備財源確保を否定するわけもない。われわれが語気強く批判しているのは、あくまでも国税・森林環境税である。同税が森林整備の財源を調達する方法としてはなはだ不適切と非難しているだけなのである。

　本書の出版構想は、実は昨日今日に始まった話ではなく、すでに３年の年月を重ねてきている。本書は、地方自治総合研究所の税財政研究会を母体としており、そこで最初に国税・森林環境税の議論を始めたのは、2018年春なのである。

　税財政研究会は、10数名の多彩な研究者が定期的に集まり、単に税財政にとどまらず、地方自治体に関わる様々な政策をテーマに長時間の議論を行っている。現時点でのメンバーは、本章の最後にある枠内の通りであり、そこで繰り返し国税・森林環境税の分析・議論を行った上で、うち６名が本書を執筆した。

　本書の刊行に辿り着く間にも、情報を提供し警鐘を鳴らすという前述の目標に向け、さまざまな形で努力を払ってきた。まず１つは、2019年の前半、

月刊誌での連載という形で、本書で展開する論考の中間的な成果報告を行ったことである。森林環境譲与税の自治体への譲与が 2019 年 4 月に始まってしまうため、取りまとめに時間を要する書籍より先に、研究成果の公表を急ぐことにしたのである。

　具体的には、地方自治総合研究所の月刊誌『自治総研』に 4 本の論考を連載させていただいた。本書の最終的な取りまとめにあたって、多少の加筆修正に留めた原稿もあれば、全面的に書き改めた原稿もある。参考までに、連載のリストは枠内の通りである。

・青木宗明「特別連載「国税・森林環境税の問題点」の開始にあたって」
　『自治総研』2019 年 2 月号（通巻 484 号）
・吉弘憲介「森林環境譲与税の譲与基準の試算及びその検討について」
　『自治総研』2019 年 2 月号（通巻 484 号）
・青木宗明「国税・森林環境税：租税理論に反する不公平極まりない増税」
　『自治総研』2019 年 4 月号（通巻 486 号）
・飛田博史「国税森林環境税・譲与税創設の経緯とその問題点」
　『自治総研』2019 年 5 月号（通巻 487 号）
・清水雅貴 「国税・森林環境税の導入による府県・森林環境税への影響
　について」
　『自治総研』2019 年 7 月号（通巻 489 号）

　いま 1 つ行った情報提供の努力は、日本地方財政学会第 27 回大会（2019 年 6 月 1 日（土）〜 2 日（日）、新潟市朱鷺メッセ）にて、企画セッション「国税・森林環境税の問題点：理論に反する増税」を行ったことである。学会であるから、学者・研究者のみを対象としたプレゼンテーションではあるが、われわれ執筆者一同は、学者を通した「その先」を期待していた。すなわち、国税・森林環境税の問題点を多くの研究者に理解してもらった上で、その研究者が

情報を拡散してくれるのではないかという期待である。

　この期待が叶ったかどうかは分からないが、当日は、セッション会場に入りきれないほど多くの研究者に集まっていただいた。またセッション終了後、「問題点を良く理解できた」「しっかり伝わってきた」「まさに正論」といった励みになる言葉も数多く頂戴した。

　本書の構成は、以下の通りである。

　第1章は、「国税・森林環境税：租税理論に反する不公平極まりない増税」（青木宗明）である。租税理論の観点から、国税・森林環境税がいかに理論に反しており、それがどれほど深刻な問題なのかを明確に示している。

　ただし、第1章は本書の総論としての位置付けでもあるため、租税理論以外の問題点も列挙してある。すなわち、第2章以降の論考で深掘りされる問題点の概説を行っているのである。その意味では、国税・森林環境税、森林環境譲与税の問題点をすべて簡潔に整理・分類してあり、包括的な批判になっていると言ってもよいだろう。

　第2章は、「国税・森林環境税創設の経緯とその問題点」（飛田博史）であり、国税・森林環境税の目的や根拠がよく分からなくなってしまっている問題点を、創設の経緯を明らかにすることで追求しようとしている。

　具体的には、1990年代初頭に和歌山県旧本宮町長が提唱した「森林交付税構想」を端緒とする市町村の森林環境税創設運動の歩みをたどりながら、その思惑が国税・森林環境税をめぐる国の政策過程を通じていかに歪められ、矛盾の構造となったのかを、制度化にかかわる政府や与党税調などの5つの主体に焦点をあてて明らかにしているのである。

　第3章は、「国税・森林環境税の配分問題と望ましい財源配分のあり方」（吉弘憲介）である。この章は文字通り配分の問題、すなわち森林環境譲与税に

フォーカスを当て、自治体間の配分がきわめて異常な形で行われている事実を鮮明に描き出している。

　異常な形とは、譲与基準の３割を人口としたことで、大都市に偏った譲与、したがって森林環境税という名称からは想像のできない配分結果となっていることである。すなわち、林務行政の需要が少なく、林業費支出も小さい都市部の自治体に多額の譲与が行われ、逆に林務行政ニーズの高い中山間地の自治体には十分な譲与が行われていないのである。

　この後に続く２つの章は、国税・森林環境税の使途の面における問題点であり、第４章は都市部の自治体における使途の観点から、第５章は府県・森林環境譲与税と国税・森林環境税との関係性の観点から、それぞれ深刻な問題を明らかにしている。

　まず第４章は、「大都市における森林環境譲与税の使途−事例からの検討」（其田茂樹）であり、多額の譲与を受ける大都市に着目した論考である。2019年度のデータを用いて、大都市の譲与額や使途を分析したところ、少なくとも森林経営管理法から生じる新たな財政需要には対応していない可能性の高いことが明らかになった。

　具体的には、使途といいつつも基金への積立（まちづくり推進や学校施設整備等を目的とした基金）が多くの大都市で行われており、その結果として森林環境譲与税と支出事業との相関関係が希薄化する危険性が非常に高いという問題である。

　第５章は、「国税・森林環境税の導入による「府県・森林環境税」への影響について」（清水雅貴）であり、37の府県で実施されている府県・森林環境税と、新たに導入される国税・森林環境税との関係性を論じている。府県と国税の使途を丹念に分析し、両者の「すみわけ」ができているのかどうか、その実態を明らかにした。

　具体的には、府県と国税とで使途、すなわち事業が重複する場合は、府県側の運用を一方的に変更することにより重複を回避し、「すみわけ」を実現し

ていることが分かった。この事実を元にして、論考の最後に都道府県レベル
における国税・森林環境税の今後の課題を指摘している。

　最後の第6章は、国税・森林環境税の批判ではなく、わが国林業の復興に
向けた考察である。冒頭に記したように、執筆者一同、森林行政に深い関わ
りを有しており、したがって林業の復興・再生を心から願っている。そのた
め本書を、国税・森林環境税の批判だけでは終わりたくなかった。国税・森
林環境税、森林環境譲与税は問題だらけで失格だが、多少とも先行きに期待
の持てる論考で本書を締めくくりたかったのである。

　その第6章では、これまでの林業財政の反省点から考察を始め、その分析
の結果から、持続可能な林業を担保するためには、国税・森林環境税ではなく、
新たな税財政の仕組みが必要になることを明らかにしている。簡単に要約す
ると、まず最初に、植林や森林管理に補助金を出して森林整備を奨励しても、
それが林業従事者の処遇改善につながらないため、現場の人手不足が解消さ
れず、持続可能な森林管理ができていない問題が指摘される。

　この問題の根本には、木材産業とのバリューチェーンの現状があり、その
現状を前提としてしまうと、いくら国税・森林環境税で財源を確保しても、
従来と同様の問題が続くことになってしまう。そこで論考の最後に、バリュー
チェーンも含めて包括的に事態を変えうる新たな税財政の仕組み（再生可能エ
ネルギー固定価格買取制度や炭素税と固定資産税の改正）が提唱されることになる
のである。

　以上が本書の構成であるが、これら6章のどこからお読みいただいても構
わない。総論となる第1章で問題点の全容を把握してから各章に進んでいた
だいても、あるいはご興味の高い章から読み始めていただいても、どちらで
も大丈夫である。どこから読んでも、国税・森林環境税がいかに問題だらけ
であるか、すぐにご理解いただけるであろう。

税財政研究会メンバー （＊は、本書の執筆者）

青木 宗明　（神奈川大学教授／税財政研究会主査）＊

伊集 守直　（横浜国立大学教授）

柏木 恵　（キヤノングローバル戦略研究所研究員）

佐藤 一光　（東京経済大学准教授）＊

清水 雅貴　（和光大学教授）＊

其田 茂樹　（地方自治総合研究所研究員）＊

田中 聡一郎　（駒沢大学准教授）

飛田 博史　（地方自治総合研究所研究員）＊

半谷 俊彦　（和光大学教授）

星野 菜穂子　（総務省地方財政審議会委員）

宮﨑 雅人　（埼玉大学准教授）

吉弘 憲介　（桃山学院大学准教授）＊

目　次

第5章　国税・森林環境税の導入による
府県・森林環境税への影響について

第6章　国税の導入よりも林業の改革が必要
：わが国の林業の再生に向けて

第1章

国税・森林環境税
：租税理論に反する不公平極まりない増税

青木　宗明

はじめに

　幕開けとなる第1章は、租税理論からの考察がメインだが、同時に本書の総論としての役割も担っている。そのため次のような目標を掲げることにした。すなわち、国税・森林環境税の問題点をすべて網羅的に明らかにし、それを分かりやすく整理して説明する。それによって、同税の実態とそこに含まれている危険性を明らかにし、2024年に予定されている増税にいかに対応すべきか、できるだけ多くのみなさまに考えていただくという目標である。

　この目標に到達するためには、たくさん存在する問題点に、危険度に応じた優先順位を付すのが良いだろうと判断した。そこで本章の前半部分では、最も致命的な2つの問題点（以下では二大問題と表す）のみにフォーカスを絞り、重点的に論述することにした。これはもちろん、二大問題がいかに危険を孕んでいるかストレートに伝えて、国税・森林環境税の導入がなぜ撤回されるべきなのか、認識していただきやすくするための工夫である。

　二大問題の後に論じる「その他の問題点」も、決して深刻度が低いわけで

はない。その他の問題点だけでも、国税・森林環境税の導入撤回を唱える立派な根拠になりうる。ただそうはいっても、最初に述べる二大問題は別格である。まさに決定的な欠陥なのである。

国税・森林環境税の抱える二大問題とは、以下の枠内に記す2点である。

1. 租税理論からの逸脱と不公平の極みである人頭税
   国税に適用してはならない地方税の理論を、不当に国税へ「流用・悪用」した結果、国税・森林環境税が極端に不公平な人頭税になってしまっている問題点。
2. 増税の目的・根拠と増税によって目指す政策効果が極めて不明瞭
   何のために増税するのか、増税によっていかなる政策効果を実現するのか不明確で、国民に対する増税の説明責任をまったく果たせていない問題点。

1　租税理論からの逸脱と不公平の極みである人頭税

　二大問題の第 1 は、本章のタイトルからも分かるように、2 つの問題点から構成されている。そのため前半と後半とを二分して考えると理解しやすいだろう。まず前半部分は、国税・森林環境税が租税理論に完全に反しているという問題点である。具体的には、地方税のみに認められる応益原則という税の理論を、国税へと「流用・悪用」してしまったという不届きな過ちである。そしてこの前半の問題点が、後半の大問題を惹起することになる。

　後半の大問題とは、国税・森林環境税が人頭税になってしまっているという問題点である。人頭税は、地球上で最も不公平な税であるため、現代社会においては決して存在が許されるべきでない税なのである。

　それでは以下、前半と後半を順に分かりやすく説明してゆくことにしよう。

(1) 応益を根拠に住民税の均等割に上乗せ課税

　国税・森林環境税は、地方税である住民税の均等割に上乗せして課税される。すなわち、納税者 1 人あたり定額（1,000 円）という課税形態である。なぜこのような課税形態が選択されたのか。住民税の均等割に上乗せする定額課税が選択された根拠はどこにあるのだろうか。

　この疑問への回答は、行政サービスからの「受益」に応じて税を負担するという「応益原則」に求められる。国税・森林環境税は、森林整備という行政サービスから住民が受ける利益、すなわち受益に課税の根拠を求めており、租税理論の用語でいえば応益原則に基づく課税となるのである。

　実際、2017 年末に与党が示した税制改正大綱（平成 29 年 12 月 14 日）にお

いても、「森林を整備することは、地球温暖化防止のみならず、国土の保全や水源の涵養、地方創生や快適な生活環境の創出などにつながり、その効果は広く国民一人一人が恩恵を受ける」とした上で、「森林環境税（仮称）は国税とし、都市・地方を通じて、国民一人一人が等しく負担を分かち合って、国民皆で、温室効果ガス吸収源等としての重要な役割を担う森林を支える仕組みとして、個人住民税均等割の枠組みを活用し、市町村が個人住民税均等割と併せて賦課徴収を行う。」[1]と述べられている。

　このように定額課税の根拠を応益に求めるというのは、実は国税・森林環境税のオリジナルではない。オリジナルは、すでに十数年にわたり実施されている地方税の創設にあたって確立された理論である。その地方税とは、もうお分かりのように37府県が独自課税として行っている森林環境税である。

　府県の森林環境税を正当化する理論は、次の通りである。すなわち、荒廃に瀕した森林を整備することは、大気の浄化、水源環境の保全、防災、生物の多様性維持など多岐にわたる利益を生み出し、それらは広くすべての住民に行き渡り、住民ひとり一人に分割して利益の量を計ることはできない。したがって、それらの利益を生み出すために要する森林整備の財源を、1人あたり定額課税である住民税均等割を引き上げるという増税（超過課税）で確保するというロジックである。

　この考え方は、地方税においては正当な理論であり、何らの問題も存在しない。ところが国税の場合はそうではない。国税においては、応益原則の主張は決して認められないからである。この点で国税・森林環境税は、租税理論から明確に逸脱しているのである。

---

(1) 自由民主党・公明党『平成30年度税制改正大綱』pp.12-13

（2）国税では応益原則は許されない
〜地方税の理論を「悪用」

　なぜ国税に応益原則を適用できないのか、財政学や租税論の教科書通りになってしまうが、簡潔に説明してゆこう。なお、ここで教科書の通りと記したのには意味がある。教科書通りで失礼というエクスキューズの意味で述べたのではなく、この考えが定説であることを強調するために持ち出したのである。国税に応益原則を適用してはならないのは、税の勉強をした経験のある人なら、誰もが知っている常識であり、教科書に載る定説なのである。

(2) − (A)　政府サービスから生じる利益は計れない

　それでは説明に入ろう。まず最初に、税金を公平に負担するための基準として2つの考えがあることを理解しなくてはならない。その2つの考え方とは、下の枠内にメモしてあるように、応益原則と応能原則である。このうち本章で論じている応益原則は、パーティーの経費を参加者で分担するという例になぞらえれば、飲んだ分だけ、食べた分だけ費用を払うのが公平な負担になるという考えである。このように例えると、応益負担の考えは大変に分かりやすく、納得しやすいと思われるかもしれない。

---

①　応益原則 — 政府サービスから受ける利益（受益）に応じて税を負担するのが公平

②　応能原則 — 税を負担する能力（担税力）に応じて税を負担するのが公平

　ところが、この分かりやすさの中に、国民が騙されがちな落とし穴がある。政府の行う行政サービスは、パーティーの場合と異なり、受け取る利益に比

例して負担を配分するのが、絶対的に不可能なのである。なぜ不可能なのかといえば、行政サービスの利益を計ることはできないからである。パーティーの例でいえば、どれほど飲食したのか分からないということになる。

　政府の行う行政サービスは、どの程度の利益が全体として発生するのか、その利益が分割されて誰にいくら届くのか、明確な数値として計測することはできない。例えば国を守るという安全保障の利益を考えてみよう。国防サービスからの利益が、国民全体にとっていくらに相当するか示すことはできない。個々の国民についても、守るべき資産が多ければ国防からの利益も大きくなると一般的には考えられるが、それを証明する手立ては存在しない。

　あるいは義務教育を考えてみよう。義務教育から生じる利益は、直接的には学童や親のものとなる。この個人の利益になる部分については、受益を概算の金額で表示することができるかもしれない。しかし、義務教育の利益は単にそれだけだろうか。

　次の疑問の答えを探せば、それだけではないことをすぐに理解できるだろう。すなわち、明治政府が維新の直後から全国に国民教育を広めようと多大な努力を行ったのはなぜだろうかという疑問である。疑問の答えはもちろん、義務教育の利益が社会のあらゆる面にまで及び、わが国の将来の国力を左右するほどに大きいからとなる。富国強兵に向けて優秀な労働者や質の高い兵隊を育てるためにも、義務教育は必須である。その意味で義務教育サービスは、企業経営者や軍隊指揮官までも含む、社会全体に利益を与えているのである。

　このように政府の行政サービスから生じる利益、特に「公益」と呼ばれる利益については、その規模を金額で計って示すことができない。かくして、税負担を納税者間で分ける際に、応益原則を用いてはならないことが明らかとなったであろう。受益を計れない以上、応益原則に従って税負担を配分することは不可能なのである。

(2) - (B)　地方税のみに認められる応益原則の「加味」と負担分任

　さて、ここまで読み進むと、いま1つ別の疑問が生じるであろう。国税に応益が適用不可なのは理解できたが、府県レベルの森林環境税には、なぜ応益原則が認められ、しかも定額課税が許されるのだろうかという疑問である。

　その答えは、地方税の場合、課税する地方自治体が、国よりもはるかに狭い地域に区切られており、納税者も住民という特定メンバーに限定されるという事実を前提としている。この前提の上に立って応益原則が許されるのは、エリアとメンバーが限られているので、行政サービスからの利益と負担の相互関係が見えやすく、把握しやすいことに根拠を置いている。

　ただしもちろん、この場合でも受益を具体的に計ることはできないので、応益が認められるといっても、税負担の配分に際して応益の考えを「加味」することが許されるだけである。「加味」の仕方は、例えば固定資産税でいえば、所有地の土地が広ければ広いほど受益も大きくなるだろう、あるいは事業課税の場合は、事業の活動規模を表す付加価値額が多ければ多いほど受益が大きいだろうといった形での「加味」である。

　また1人あたり定額の課税が認められるのは、エリアとメンバーが限定されるという前提の上で、自治体の行政サービスから全員が受益する以上、負担に無理の出ない範囲内で、できるだけ全員で経費を分担できるようにするのが地方自治に繋がるという考え方に根拠が置かれている。この考え方は、負担分任と呼ばれ、地域コミュニティーのメンバー全員が、いわば「自治会費」のような位置付けの負担をすることが正当化されるのである。

　これらの考え方は、わが国では古くは大正時代から政府関係者や研究者が公に表明してきた考えであり、他国の状況をみても、ドイツなど多くの国で同様の見解が示されている。したがって、歴史的にも国際的にも、定説の考えといってよいだろう。

　ただし、大いに注意しなくてはならない。これらの考え方が通用するのは、

くどいようだが地方税のみであり、国税には通用しない。通用しない理屈を国税に流用するのは、不見識な「悪用」であり、租税理論からの許されざる逸脱である。

しかも、それは理論へ違反しているという問題だけに終わらない。我々の生活する現実世界に、とんでもない大問題を引き起こすことになってしまう。すでに示唆してある通り、人頭税という、かつて世界中で大混乱を引き起こした「悪霊」が、現代に復活してしまうのである。

（3）国税の定額課税は人頭税
：不公平による暴動と反乱の世界史

国税を納税者1人あたり定額で課税すれば、それは即、人頭税以外の何物でもない。地方税のように応益原則・負担分任といった根拠が成立しない以上、正当な理屈をまったく持たない、ただの人頭税そのものなのである。

ただ世の中にはさまざまな考えの方々もいるので、無収入や低所得層は非課税になるから人頭税ではないという偏屈な意見もあるかもしれない。しかし、納税者の担税力（税を負担できる能力）をまったく見ずに一律の負担を課す以上、課税最低限があろうがなかろうが、人頭税であることに間違いはない。

人頭税は、この地球上で考えうる税金のうちで最も逆進性が高く、不公平の極地といえる税である。単純に一人あたり定額で課税するため、特別な課税技術を必要とせず、古代から多くの国家で実施されてきた。

アジアでは、中国・明代の丁銀が有名であるが、わが国でも薩摩藩支配下の琉球王府が、先島諸島（宮古・八重山）で人頭税を課していた。欧州や中東では、異民族や異教徒等への身分差別的な課税として行われるケースも多かった。例えば古代のギリシャやローマでは外国人や非市民に対して、イスラーム国家やムガル帝国では非イスラーム教徒に対して、さらに中世ヨーロッパの諸国では農奴のみに対して人頭税が課されていたのである。

　このように制度的な多少の相違はあるものの、人頭税が所得の低い庶民にとって過酷であり、絶望的なほどに不公平感を募らせることに間違いはない。そのため人頭税といえば、農民や庶民の暴動、反乱がつきものである。最も有名なのは、1381 年イングランドで勃発したワットタイラーの乱であろう。百年戦争の戦費調達のために過酷な人頭税の徴税が行われた結果、農民一揆が全国へ反乱として拡大したのである。

　近代になると、人頭税自体がほぼ廃止されたために実例は少ないが、暴動が起きた有名なケースがある。サッチャー政権が 1990 年に導入したコミュニティー・チャージ（Community Charge）に対する英国民の反抗である。コミュニティー・チャージは、成人 1 人あたり定額の地方税であった。前述のように応益や負担分任を主張しうる地方税であるにもかかわらず、低所得層にあまりにも重く不公平の極みだとして国内の広範な反発を招き、暴動まで発生した。その結果サッチャー首相の支持率は急落し、政権に幕が引かれることになったのである。

　この点でわが国民はいかなる反応を見せるのだろうか。国税・森林環境税は人頭税である。たかが千円という意見もあるかもしれないが、人頭税は人頭税である。しかも国税・森林環境税が、次節でみるように、わが国の税制に悪影響を与える危険性が高いことを考慮すれば、英国民の行動力が大いなる参考になるのかもしれない。

(4) 国税・森林環境税の悪影響
　　：わが国税制が人頭税だらけになってゆく危険性

　国税・森林環境税が今後の税制に与える悪影響とは、特定政策ごとの目的税的な人頭税が「増殖」し、わが国の税制が「人頭税化」し続ける危険性である。

　なぜ人頭税化が進むのかといえば、まず第 1 の理由は、政府の行う行政サー

ビスは、どのようなサービスであれ、「国民に広く分かちがたく届く公益」を必ず含んでいるからである。したがって、国税・森林環境税が行った「悪用」、すなわち「だから均等に課税する」という不当な論理を主張しようと思えば、すべての行政サービスにおいてできてしまうのである。

　もしも国税・森林環境税が撤回されず導入されてしまうと、この租税理論に反する不合理な論理までもが認められたということになってしまいそうである。そうなれば森林整備以外の行政サービスにも同じ論理を使おうという悪巧みが頻発する危険を感じる。

　今後、国防にせよ社会福祉にせよ先端技術開発にせよ、特定の政策推進に向けた財源調達が課題になるたびに、すべての国民に利益が行き渡るからという理由で、定額課税の国税、つまり人頭税が構想されるようになってしまうのではないかという心配が膨らむのである。

　人頭税化が進む第2の理由は、わが国、特に政治や行政において「前例主義」が跋扈しているからである。理論に反していようが多少の弊害を招こうが、「前例」があれば政治や行政の世界では物事が通ってしまいがちである。

　「国民に広く、分かちがたく利益が届くので国税を均等に定額課税する」という理屈がいったん実現してしまえば、いくら人頭税を批判しても、次のような反論が返ってきそうである。すなわち、「人頭税？　いったい何が問題？　すでに存在しているし、特段の問題も聞いていない」という計算ずくの悪賢い反応である。

　国税・森林環境税の導入に反対すべきは今であると叫んでいる理由は、まさにこの点にある。同税を現時点で認めてしまうと、今後の増税構想における「前例」になってしまうであろう。そうならないためには今、人頭税の危険性を訴え、導入の撤回を叫ばなければならないのである。

2　増税目的・根拠と政策の効果が不明瞭
～なぜ国税・森林環境税が必要なのか

　二大問題の第 2 は、いかなる目的のために増税するのか、増税によってどのような政策効果を実現しようとするのかが不明確で、国民に対する増税の説明責任を果たせていないという問題点である。したがって本章では、増税の目的や効果がいかに曖昧で不明瞭であるかを検証していくことになる。そして、その査証過程を通して、国税・森林環境税が本当に必要な増税なのかどうかも判断できるようになると思われるのである。

　国税・森林環境税の目的や効果がいかに不明瞭かは、以下の枠内の 3 点を考察することで明らかになるだろう。

---

(1)　政府・関係者の公表文から想定される国税・森林環境税の目的や導入の根拠

(2)　税収の使途（税収はどんな事業に使われるのか）

(3)　地方へ譲与される際の譲与基準（どの自治体にどの程度の金額が譲与されるのか）

---

(1) 政府発表の変遷・多様化～温暖化防止から成長産業化へ

　まず最初に検証するのは、政府・関係者の発表した資料から想定される国税・森林環境税の目的や導入根拠である。結論からいえば、政府側から示される目的や根拠が時とともに変わったり、府省ごとに別の目的が語られたり、さ

らには唐突に新たな目的が出現したりしているため、何が本当の目的なのか、国民には理解できなくなっている。

　なお、この目的の変遷・多様化については、本書の第2章「国税・森林環境税創設の経緯とその問題点」で詳細に考察されている。そのためここでは、第2章とアプローチを変えて、考えうる目的や根拠をざっと一覧表示してみることからはじめよう。

---

① 地球温暖化対策（森林吸収源対策）
　　二酸化炭素等の温暖化ガスを森林で吸収することによる温暖化防止
② 放置された森林の整備
　　劣悪な自然条件や所有者不明・不在村者等の問題を抱える森林の整備
③ 林業の成長産業化
　　経営の成立していない私有林を、有能な経営体に集約することで林業を成長産業化
④ 自然災害の防止・減災
　　森林整備による土砂崩れ、洪水、浸水の予防
⑤ 自然環境保護
　　森林・みどり保全、大気浄化、生物多様性の維持等
⑥ 水源地保護・水質保全
　　森林にある水源地の保全・水源涵養、水質の維持
⑦ 中山間地の市町村への財源供給
　　財政力の弱い市町村へ財源の供給

　なんと大括りしても、7つにも及ぶ目的を列挙できる。国税・森林環境税の情報を見聞する際、このうちどの目的を最も多くお聞きになっただろうか。おそらく一時期、同税の名にあまり馴染がなかった頃には、①の森林吸収源

対策という聞き慣れない単語が耳に届いていたのではないだろうか。

　この単語は、その後も消え去ったわけではないが [2]、税の導入構想が具体的に進展するにつれて、むしろ ②の放置された森林の整備が前面に出てくるようになる。所有者不明や不在村者所有の森林は全国的に目立つため、昨年成立した森林経営管理法の内容とともに、この目的が本命なのかなと思われた方々も多いのではないだろうか。

　ところが、やはり昨年、唐突にメディアに情報が流れたのが、Bの林業の成長産業化である。この単語を聞いて、現実とのギャップに首を捻った方も多かったようだが、ちょっと検索すれば、ネット上に豊富な情報が掲示されている [3]。

　このように簡単に変遷を眺めただけでも、何が本当の目的なのか、もはや理解は難しい。目的が曖昧である以上、本当に政策の効果はあるのかどうか、国民に不信感が芽生えても決しておかしなことではない。国税・森林環境税を導入し、市町村がその税収を使えば、地球温暖化をどの程度抑制できるのか、あるいは解決困難な放置森林がどの位の面積で整備され、それが災害の防止にいかほど繋がるのだろうか。

　さて、増税の目的・根拠を知るために最優先の観察項目である政府表明の目的・根拠を検証したが、調べれば調べるほど、国税・森林環境税が何を目指しているのか分からなくなった。そこで次には、２つめの観察項目とした税収の使途を見てみることにしよう。いかなる事務・事業に税収が充てられるのか分かれば、同税導入の目的や理由を推測することができるのではないかと期待されるのである。

---

(2)「森林吸収源対策」は、税制改正大綱においては令和元年度（2018 年末に公表）で姿を消したが、その後も政府の公式文章においてたびたび用いられている。

(3) 林業の成長産業化については、内閣府・規制改革推進会議や林野庁のウェブサイトをご参照ください。

(2) 使途の曖昧さと「拡大解釈」～譲与税という制度も問題

　ところが、この期待は裏切られてしまう。税収の使途を見ても、国税・森林環境税が何のための増税なのか、なぜ必要なのか、判然としないのである。その現状を確認してみよう。

　国税・森林環境税は、厳密な意味で目的税ではない。課税する主体（＝国）と、支出する主体（＝地方自治体）が異なるので、目的税にできるはずもない。ただし国から地方へ引き渡される譲与税（森林環境譲与税）の段階で、目的税的な使途の特定化がなされているようにも見える。

　この点を、政府の策定した文章である『平成31年度税制改正の大綱』と『森林環境税及び森林環境譲与税に関する法律』によって具体的に見てみよう。まず前者の大綱に記された「使途及び公表」が下の枠内の文章である[4]。

(イ)　市町村は、森林環境譲与税（仮称）を、間伐や人材育成・担い手の確保、木材利用の促進や普及啓発等の森林整備及びその促進に関する費用に充てなければならないこととする。

(ロ)　都道府県は、森林環境譲与税（仮称）を、森林整備を実施する市町村の支援等に関する費用に充てなければならないこととする。

(ハ)　市町村及び都道府県は、森林環境譲与税（仮称）の使途等を公表しなければならないこととする。

　やや判読の難しい文章なので分かりやすく整理してみよう。まず市町村については、譲与税は「森林整備及びその促進に関する費用」に充当されねばならない。そして、その例として挙げられているのが、①間伐、②人材育成・

---

(4)『平成31年度税制改正の大綱』（平成30年12月21日閣議決定）pp.16-17

担い手の確保、③木材利用の促進、④普及啓発、⑤等、である。最後の「⑤等」は、後述のように重要な意味を持つので、独立させて区分している。また都道府県については、大変にシンプルである。たった一言、「市町村の支援等に関する費用」で終わっているのである。

　次に下の枠内が、『森林環境税及び森林環境譲与税に関する法律』の「森林環境譲与税の使途」と記された箇所である。

　第三十四条　市町村は、譲与を受けた森林環境譲与税の総額を次に掲げる施策に要する費用に充てなければならない。

　一　森林の整備に関する施策

　二　森林の整備を担うべき人材の育成及び確保、森林の有する公益的機能に関する普及啓発、木材の利用（公共建築物等における木材の利用の促進に関する法律（平成二十二年法律第三十六号）第二条第二項に規定する木材の利用をいう。）の促進その他の森林の整備の促進に関する施策

　2　都道府県は、譲与を受けた森林環境譲与税の総額を次に掲げる施策に要する費用に充てなければならない。

　一　当該都道府県の区域内の市町村が実施する前項各号に掲げる施策の支援に関する施策

　二　当該都道府県の区域内の市町村が実施する前項第一号に掲げる施策の円滑な実施に資するための同号に掲げる施策

　三　前項第二号に掲げる施策

　3　市町村及び都道府県の長は、地方自治法第二百三十三条第三項の規定により決算を議会の認定に付したときは、遅滞なく、森林環境譲与税の使途に関する事項について、インターネットの利用その他適切な方法により公表しなければならない。

ほぼ同内容ではあるが、重要な変更もある。最大の修正は、次の２点である。すなわち、①間伐という言葉が消えて「森林の整備に関する施策」となったこと（第34条の一）、②都道府県の使途が拡大され、市町村支援だけではなく、みずから行う人材育成・普及啓発・木材利用に譲与税を充当できるようになったこと（２の三）である。

(2)－(A)　使途の特定は困難

　これらの規定を見て、税収の使途が特定されていると思う方はいるだろうか。税制改正の大綱から法律になるまでの変更が、いかに使途が曖昧かを示す例証といえるだろう。すなわち、事業内容をある程度イメージできる間伐という規定が、森林に関係すればどんな事業でも当てはまってしまいそうな森林整備の施策という規定に置き換えられているのである。

　人材育成や木材利用促進についても、一見すると事務事業のイメージが湧くと思いがちだが、良く考えてみれば具体的な内容は想像しにくい。おそらく現実には、森林整備の促進に役立つかどうかの関係が見えにくい事業も多いように思われるのである。ましてや普及啓発については、猜疑心はより一層膨らむ。森林との関係を「要領良く」語りさえすれば、あらゆる事業が使途として適格扱いになってしまう恐れがあると思われるのである。

　「お役所というのは、都合の良い拡大解釈と辻褄合わせの説明が得意な世界」というのが国民の一般的な認識なのではないだろうか。もしもその認識が正しければ、使途の拡大は止まらない。しかも注目すべきは、『平成31年度税制改正の大綱』で例示の末尾に付されている「等」（前ページで⑤と区分）、および法律の「その他の森林の整備の促進に関する施策」（第34条の二の末尾）である。この両者は、明記されている使途以外の使途も認められることを示唆している。つまり使途が特定されているように見えて、規定にはそもそもリミットがなく、使途の拡大する余地はきちんと残されているのである。

　また制度的に見ても、使途の特定はきわめて困難である。なぜならば、使

途を限定できる国庫補助金ではなく、譲与税という形式が選択されているからである。補助金であれば、事細かに使途を限定したうえで事業を審査し、事後的なチェックも行える。もしも特定された使途を逸脱していれば、返還の義務も地方自治体に生じるのである。対して譲与税は、これら使途の限定に繋がる装置を有していない。

(2) − (B)　使途の公表義務〜義務の効果は疑問

　そのため森林環境譲与税では、『平成 31 年度税制改正の大綱』の (ハ)、および法律の 3 で、使途の公表を義務づけている。公表の義務づけにより、地方自治体に部外者からの「目」を意識させ、特定された使途を遵守するよう精神的・道義的な縛りをかけているのである。ただし、この公表義務がどれほど使途の遵守に役立つのか大いに疑問である。

　義務づけられている公表とは、詳細な事業別の支出額をリスト表示するような徹底的な開示なのか、あるいは逆に大雑把に代表的な事業の名称だけの公表なのか等、現時点では分からないことだらけである。ただ仮に前者の徹底的な開示であっても、補助金ほどに使途を限定する効果は持てるはずもない。

　また都道府県の場合、問題はさらに複雑で、使途を特定するような公表は不可能なのではないだろうか。なぜならば、都道府県の役割は市町村の支援であり、実際に事業を行うのは市町村だからである。公表をいかなる様式で、どちらの責任において（都道府県か市町村か）行うのか分からないが、市町村支援を補助金の形で行わない限り、意味のある公表にはならない。市町村に一定の自由度を認め、事前・事後の事業審査をしない「市町村交付金」のような形式で支援を行うと、都道府県の公表する内容は、極端にいえば市町村名と代表的な事業名程度に終わってしまうのである。

　このように、国税・森林環境税の使途は非常に曖昧であり、時とともに拡大基調に向かう可能性も高いだろう。税収の使途を見れば、増税の必要性や

目的が明確になるのではないかと期待されたが、むしろ不明瞭は濃さを増してしまった。

　となれば、残された手がかりは３つめの検証項目、つまり地方に譲与される際に用いられる譲与基準である。譲与基準がどうなっているか、どの自治体にどの程度の譲与が行われるのかを見れば、何を目的とした増税か、多少とも推測できるように思われるのである。

(3) 非合理な譲与基準～森林なき大都市に多額の譲与

　ところが、これがとんでもない事態に陥っていることが分かった。譲与基準は、われわれが論理的に想定できる範囲をはるかに超えて歪んでいる。譲与税の配分割合の高い自治体を見ると、国税・森林環境税および譲与税は、その名称に「森林」を冠するに値しないのではないかとさえ思えてくるのである。

　この驚愕の結論に言及する前に、森林環境譲与税の譲与基準がどうなっているか、図表１を使って確認しておこう。ちなみに同図は農林水産省や総務省等、多くの府省が説明を行う際に用いている図なので、既視感を有する方も多いであろう。

(3)－(A)　都道府県への譲与：独自の超過課税に「屋上屋」？
　まずは図の下側にある表の「市町村：都道府県の割合」を見ていただきたい。森林環境譲与税は、都道府県に１割、市町村に９割が譲与される。ただし、譲与税の創設から14年間は、都道府県への譲与割合が２割～1.2割となり、その分だけ市町村の割合は小さくなる。

　この点について政府からは、図表にも明記されている通り、「制度創設当初は、市町村を支援する都道府県の役割が大きいと想定されることから」との説明がなされている。ただし、市町村の何を支援するのか、大きいとされる都

図表 1　森林環境譲与税の各年度の譲与額と市町村及び都道府県に対する譲与割合及び基準

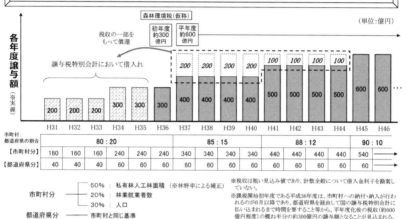

- 市町村の体制整備の進捗に伴い、譲与額が徐々に増加するように借入額及び償還額を設定。
- 市町村が行う森林整備等を都道府県が支援・補完する役割に鑑み、都道府県に対して総額の 1 割を譲与。
  （制度創設当初は、市町村を支援する都道府県の役割が大きいと想定されることから、譲与割合を 2 割とし、段階的に 1 割に移行。）
- 使途の対象となる費用と相関の高い客観的な指標を譲与基準として設定。

市町村：都道府県の割合	80 : 20						85 : 15				88 : 12				90 : 10	
	H31	H32	H33	H34	H35	H36	H37	H38	H39	H40	H41	H42	H43	H44	H45	H46
【市町村分】	160	160	160	240	240	240	340	340	340	340	440	440	440	440	540	
【都道府県分】	40	40	40	60	60	60	60	60	60	60	60	60	60	60	60	

市町村分　── 50%：私有林人工林面積（※林野率による補正）　── 20%：林業就業者数　── 30%：人口

都道府県分　── 市町村と同じ基準

※税収は粗い見込み値であり、計数全般について借入金利子を勘案していない。
※課税開始初年度である平成 36 年度は、市町村への納付・納入が行われるのが 6 月以降であり、都道府県を経由して国の譲与税特別会計に払い込まれるまで時間を要すること等から、平年度化後の税収（約 600 億円程度）の概ね半分の約 300 億円の譲与額となることが見込まれる。

（資料）「平成 30 年度税制改正主要事項」農林水産省（平成 29 年 12 月）。

道府県の役割とは何かといった疑問は明確な説明がなく残されたままである。

　さらに、この疑問にいま一つ別の事実を勘案すると、そもそも都道府県に譲与される必要はあるのかという、ここで問われるべき根本的な疑問が浮かび上がることになる。いま一つ別の事実とは、周知のように、すでに 37 もの府県が地方独自の超過課税として森林環境税を実施していることである。47 都道府県のうち、森林整備の必要性が高いと思われる自治体はすでに大きな努力を払ってみずから財源を調達し、市町村への支援も行っている。その自主的な尽力の上に、はたして国税が「屋上屋を架す」必要はあるのだろうか。

　「屋上屋ではない」というのであれば、国税の使途は府県の独自課税の使途と異なるのだろうか。もしもそうであれば、両者の明確な線引きはどこにあるのだろうか。これらの疑問に対する説得力のある回答がえられない限り、ここでも根本的な疑問に行き着いてしまう。すなわち、国税・森林環境税の

目的は何なのだろうかという疑問である。

　なお、国税・森林環境税と37府県の独自課税との関係については、本書の第5章「国税・森林環境税の導入による「府県・森林環境税」への影響について」にて詳しく論じられているので、後ほどご高覧いただきたい。

(3) − (B)　人口基準による異常な歪み〜多額の譲与が大都市で無駄？

　さて、いよいよ本題の譲与基準を見ることにしよう。図表1にあるように、譲与基準は都道府県も市町村も同一であり、譲与税の半分、50％が私有林人工林面積（林野率による補正あり）によって地方自治体間で配分される。第2の基準は林業就業者数であり、譲与税総額の20％がこの基準に従う。ここまでは違和感を感じない譲与基準である。

　問題なのは次である。残りの30％というかなり大きな割合が、なんと人口に比例して譲与されるのである。人口と森林整備と、いかなる関係が想定されるというのだろうか。この点で政府は、図表1にも記されているように、「使途の対象となる費用と相関の高い客観的な指標を譲与基準として設定」と表明しているが、何を根拠にかくも非常識な主張ができるのであろうか。

　実際、本書の第3章「国税・森林環境税の配分問題と望ましい財源配分のあり方」の図表1に示されている各自治体の譲与額を見て、改めて驚嘆していただきたい。市町村で最も多額の譲与を受けるのは神奈川県の横浜市であるが、同市の予算に林業費は1円も計上されていないのである。

　人口という譲与基準を3割も入れたことによる「歪み」は、なにも横浜市だけではない。譲与額の多い第3位の大阪市、第8位の名古屋市も、林業費は皆無である。第3章の執筆者が以前に行った推計を見ると、譲与額トップ100市町村の中に、林業費がゼロの自治体が7市区（上記3市に加えて川崎市、さいたま市、世田谷区、堺市）もランキングされているのである[5]。

---

(5) 吉弘憲介『森林環境譲与税の譲与基準の試算及びその検討について』「自治総研」2月号、2019年、pp.8-10「表1　森林環境譲与税の譲与基準率試算値の上位100自治体」を参照。

配分に対する人口基準の影響がいかに大きいか、横浜市税制調査会の試算結果である図表2を用いて検証してみよう。平成31年の森林環境税は、市町村全体で160億円（図表1の市町村分を参照）である。横浜市への譲与額は、全国トップの1億4,300万円であり、そのうち1億4,000万円は人口基準による配分である。

図表2　横浜市への森林環境譲与税の譲与見込額（試算）

（単位：百万円）

譲与基準別		H31年度	H32年度	H33年度	H34年度	H35年度	H36年度	H37年度	H38年度
譲与基準別	森林面積	1	1	1	1	1	1	1	1
	林業就業者数	2	2	2	4	4	4	5	5
	人口	140	140	140	210	210	210	297	297
横浜市譲与額見込額計		143	143	143	214	214	214	304	304

譲与基準別		H39年度	H40年度	H41年度	H42年度	H43年度	H44年度	H45年度	H46年度
譲与基準別	森林面積	1	1	2	2	2	2	2	2
	林業就業者数	5	5	7	7	7	7	8	8
	人口	297	297	385	385	385	385	472	472
横浜市譲与額見込額計		304	304	393	393	393	393	482	482

（資料）横浜市税制調査会「平成30年度 横浜市税制調査会答申－ 平成31年度以降の横浜みどり税－」（平成30年7月）、85ページの表から作成。

　それから15年後、国税・森林環境税・譲与税は移行期を終えて「平年度化」するが、 その時点での横浜市への譲与額は4億8,200億円、うち4億7,200億円が人口に基づく配分である。横浜市が全国トップの譲与額を誇るのは、このようにもっぱら人口基準によってなのである。

　この歪んだ譲与・配分の結果を見て、何を感じるだろうか。やはりここでも、根本的な疑問を繰り返さなければならない。国税・森林環境税は何のための増税なのだろうか、森林整備に本当に役立つのだろうか。その名称に森林とあるのは、何かの間違いではないのだろうか、国民に増税を飲ませるための騙りの名称なのだろうか。思わずこのような疑問を抱くほどに、衝撃的な譲与・配分の結果なのである。

　しかも、森林整備に資するのかという疑問とは別の疑問、あるいは心配が

ここで浮上する。すなわち、国民が苦労して収める増税が無駄に使われてしまうのではないかという疑問であり心配である。この心配がなぜ生じるのかといえば、林業費がゼロの大都市は多額の譲与を何に使えばよいかと質問されたら、即答できないからである。

　この点で、前述した木材利用の促進、普及啓発という使途の例示は、おそらく森林のない大都市に向けて用意されたのであろう。例えば、公共施設建設への木材の導入、学童向けに新たに行う森林体験プログラムの実施といった譲与税の使い方である。

　しかし、これは本当に必要な事務・事業なのだろうか。もしも、譲与税が来るから、今まで必要を感じないからやってないけど、他に森林と関連付けられる使途もないので、例示の通りにやろうということであれば、本末転倒であり、せっかくの税収が無駄に浪費されてしまうことになる。

　大都市における木材の使用・消費拡大が、回りまわって森林整備に多少とも役立つことを否定はしないが、増税までして行うほどに優先順位が高いとは思えない。後述のように、子供の貧困にしろ児童虐待にしろ、緊急な対策を要する事務・事業は、大都会にはたくさん存在するのである。

3　その他の問題点
：課税最低限の異なる「みなし地方税」と増税の説明
　責任の欠如

　前節まで、格別に深刻度の高い二大問題を詳細に論じてきた。ここから明らかにするのは、二大問題以外の、その他の問題点である。その他といっても、重大な問題点ばかりで、どれか 1 つの問題点だけでも、国税・森林環境税の導入撤回を訴えるに足るほどなのである。

　なお本章では、国税・森林環境税の導入に伴う問題点ではあるが、税よりも森林整備や林務行政の方に近い問題点はあえて取り上げない。例えば代表的なところでいえば、多くの市町村で林務行政の専任職員が皆無かごくわずかしかおらず、森林整備事業を実施する体制が整っていないという問題点である。実施体制がないので、国税・森林環境税を導入しても森林整備は進まないのではないかと懸念されているのである。

　このような林務行政の問題点はもちろん重大であり、決して看過できない。ただ本章は、もっぱら国税・森林環境税の問題点にフォーカスを絞って、同税が森林整備事業の財源調達手法としていかに不適切かを訴えることを目的としている。そのため、ここで指摘するのは、税制や増税という視点から特に深刻な次の 4 つの問題点とした。

(1)　国税なのに市町村ごとに課税最低限が異なるという問題点
　　　（国税を「地方税とみなして」課税する問題点）
(2)　増税の説明責任を誰も果たせない問題点
(3)　森林整備のみ「特別扱い」する理由を説明できない問題点

(1) 国税なのに市町村ごとに課税最低限が異なる
：国税を「地方税とみなして」課税

この節のタイトルを見て、誤植か何かと思った方もいるかもしれない。わが国民の常識からすれば、国税の課税最低限が市町村ごとに異なるなんてありえない、法の下の平等はどこへ行ったんだ、ということになるからである。

しかも、もしも課税最低限に相違があるということになれば、国税・森林環境税の論理は、根底から覆されることになってしまう。なぜならば、すでに明らかにしたように、「森林整備からの受益が国民に広く分かちがたく及ぶので、国民一人ひとりが均等な負担をする」というのが、国税・森林環境税のロジックだからである。

ところが、このまさかの事態が現実となる。国税・森林環境税の課税最低限は、市町村ごとに相違するのである。なぜかといえば、同税の徴税は、住民税均等割に上乗せする形で市町村が行うが、その均等割の課税最低限は市町村ごとに違うからである。

均等割の課税最低限が市町村別に異なるのは、次の2点に理由がある。すなわち、①生活保護受給者は非課税となるが、生活保護受給の要件となる所得の水準が市町村別に異なっているから、②非課税限度額・減免の基準となる前年の合計所得金額は、そもそも市町村の条例に委ねられているからである。

したがって、この問題点は、国税なのに市町村が徴収し、都道府県を通して国に引き渡すという異例のシステムを採用した時点で、すでに予見できたことである。課税最低限が異なる市町村が徴税を行う以上、不可避で生じる問題なのである。

　この非常識な現実を国民に納得させるにはどうしたらいいか。政府が編み出したのが、「地方税とみなして課税」という、これまた常識外の手法である。森林環境税及び森林環境譲与税に関する法律の第七条を要約すると、以下のようになる。すなわち、市町村が賦課の決定をすることができる期間については、森林環境税及び個人の市町村民税は、同一の税目に属する地方税とみなして課税するのである。つまり市町村は徴税だけではなく、賦課の決定、すなわち課税まで行うのである。

　このような規定が法律として許されるのかどうか法学者の判断を仰ぎたいが、素人感覚で考えても、辻褄を合わせるために強引に無理を押し通したとしか思えない。国税である以上、課税権者は国になるが、実際に納税者に賦課を決定するのは市町村長なのである。

　ただいずれにしても大事なのは、国民がこの事態をどう受け止めるかであろう。国税なのに、他地域の人々と課税最低限が異なるという制度を、はたして国民は許すのだろうか。

(2) 増税の説明責任を誰も果たせない
：あまりに無責任な増税構想

　ここから残り3つの問題点は、増税という観点で問題点を並べた。そのうち最初の2つは、一言でいえば増税の説明責任の欠如である。まず第1の責任欠如は、増税する政府と支出する政府が異なるために、増税に際して国民から強く求められる質問事項への回答ができないという問題点である。

　増税と聞けば、国民は当然、納税者の権利として、政府を質問攻めにする。なぜ増税なのか、税収を何に使うのか、増税の目的は何か、増税すれば政策効果が上がって目的に近づけるのかといった質問である。

　ところが、増税する政府と支出する政府が異なると、質問に的確に答えることはできない。質問に回答できる唯一のケースは、前者から後者への財源

移転が補助金という使途を限定する形式で行われる場合のみであろう。この点は、増税目的と使途の不明瞭という問題点としてすでに詳述したが、ここでは問題の整理の仕方を変えて、増税の説明責任が果たせない問題点として論述している。

国が課税した税収を、使途を厳密に縛れない譲与税で市町村に渡す以上、上記の質問には答えようもない。特に都道府県に譲与する分については、回答はほぼ不可能といってもよいだろう。増税する国は、都道府県の行う市町村支援へ財源を供給するので、その先で支援される市町村が何に使うのか、政策効果が上がるのかどうかなど、国からはまったく見えるはずもないのである。

なお、誤解なきようにご注意いただきたいのは、ここでの指摘は、国から地方へ財源を移転すること自体を非難しているのではないという点である。あくまでも増税という観点から、誰も質問に答えられない問題が生じることを批判しているのである。

(3) 森林整備のみ「特別扱い」する理由を説明できない

第2の責任欠如は、なぜ森林整備だけを「特別扱い」して、目的税的な増税をするのかという疑問に、おそらく誰も返答ができないという問題点である。もちろん、以下のようなお役所的な回答は可能である。しかし、それで国民が納得することはないであろう。

「森林の荒廃が危機状況であり、放って置いたら全国の森林がダメになる。喫緊の課題として取り組まなければならない」。この言葉を否定する国民はいない。ただし心の中には、次のような異論が渦巻くはずである。

「緊急に財源確保して取り組まなくてはならない大問題は他にもたくさんあるじゃない。例えば子供の貧困対策、老朽化しきったインフラストラクチャーの更新、児童虐待の防止、災害復興支援……これらと比べて、森林整備の方

が優先順位は上ってこと？　それを誰が判断できるの？」

　かくして、国税・森林環境税という増税について、政府は説明責任を果たすことができない。そしてこの問題点が放置されたままになると、もう1つ別の問題が派生する危険性が高い。

　すなわち、増税の成功に味をしめて、他の政策課題も森林整備と同様の手法を取ろうという安易な悪巧みが構想されるという問題点である。この問題の行き着く先は、すでに警鐘を鳴らした通りである。それぞれの大問題ごとに、特定の政策を推し進めるための人頭税が創設され、わが国税制が人頭税だらけになっていってしまうのである。

(4) 異常な導入プロセス
　　：「いつの間にか増税、なのに負担は増えないって？」

　最後の問題点は、国税・森林環境税・譲与税の導入プロセスが異常で、増税を国民の目から隠して批判をかわすための偽装工作ではないかと疑われることである。

　導入プロセスを理解するには、総務省が発表している図表3を参照していただきたい。国税・森林環境税の課税が始まり、国民が増税されるのは2024年（図表では令和6年）からである。ところが森林環境譲与税は2019年（令和元年）から開始されている。すなわち、最初の5年間は、課税（増税）なしに国から地方への譲与だけが行われるのである。

　増税なしに譲与を行うとなれば、どこからか財源を調達しなくてはならない。この財源は、初年度の令和元年は、交付税及び譲与税配付金特別会計における借入金によって調達されていた。すなわち特別会計の借金である。

　ところが2年目からは、地方公共団体金融機構の公庫債権金利変動準備金に改められた結果、図にも示されているように、森林環境譲与税の満額（600億円）譲与が9年早められることになった。金利変動準備金は、償還（返済）

の必要がない財源だからである。

図表3　増税に先立つ譲与の開始と譲与原資の変化

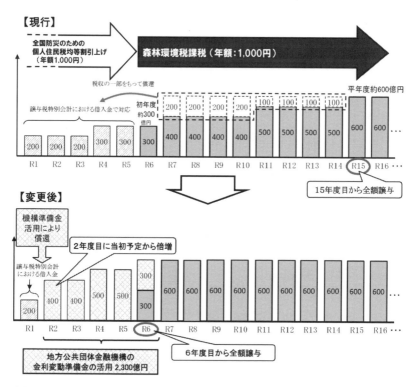

(資料)「令和2年度地方財政対策の概要」総務省自治財政局（令和元年12月20日）。

　このように譲与のみ先行スタートという異例の導入プロセスである。このプロセスにおいて「増税隠し」が疑われる理由は、次の2つの事実にある。

　まず第1は、「いつの間にか増税」であり、国民が気づいた時には増税が既成事実化していることである。増税が始まる前であっても、国民が増税に気づいて非難すると、次のように木で鼻を括ったような返答が政府から返ってくるであろう。「増税はすでに決まったことで、実際に税収に相当する金額が

地方に譲与され、使われはじめています」。

　第 2 には、2024 年の課税スタートが、増税ではなく「税収中立」に見えることであり、国民が増税だと騒いでも、政府から次のような言葉が返ってきそうなことである。すなわち、「2024 年の国民の税負担は前年と変わりません。これまで負担していただいた千円の税負担がなくなるので、まったくの増税というわけでもないのです」という騙りに近いような返答である。

　このような言い逃れができてしまう理由は、国税・森林環境税が、図にもわざわざ記されているように「復興財源確保（全国防災）のための住民税均等割の引き上げ」の終了と同時に、しかも同じ税額で導入されるからである。一見すると、あたかも制度を引き継ぐかのように見えるのである。

　この「復興引き上げ」は、東日本大震災後に全国の自治体で予定された緊急防災・減災事業の財源確保のために行われた千円の増税である。この引き上げが 2013 年（平成 25 年）から 2023 年（令和 5 年）まで行われるので、同額の千円を課税する国税・森林環境税は 2024 年からのスタートになると説明されているのである。

　しかし、もはや詳説するまでもないだろう。「復興財源確保（全国防災）の引き上げ」は地方税であり、森林環境税は国税である。両者を組み合わせて考えなければならない理由は何一つない。国税・森林環境税は単純に増税であり、増税以外の何物でもないのである。

　このように、2 つの事実から「増税隠し」が疑われるわけだが、このような導入プロセスは前例がなく、政府においても異例中の異例であろう。そうであれば浮かんでくる疑問は、なぜこれほどの無茶を押し通してまで導入を図るのだろうか、なぜ譲与の開始を強引に先行させねばならなかったのだろうかである。この疑問についても、「それほどに急がねば森林の荒廃が危機的な状況」というだけでは、国民の理解は絶対にえられないと思われるのである。

おわりに

　冒頭で掲げた本章の目標に、いくばくか近づけたであろうか。できるだけ分かりやすい表現で、国税・森林環境税の問題点を整理し、そのすべてを白日の下に晒す。それによって、同税がいかに危険な存在か明らかにし、2024年からの増税に警鐘を鳴らすのが本章の目論見であった。本章のメインである租税理論からの考察で明らかになったように、国税・森林環境税は、わが国の税制を不公平な人頭税だらけにし、なし崩しに瓦解させる危険性を有する。これは決して、大げさな「オオカミ少年」ではないのである。

　この目標に多少とも近づけたとすれば、最後に補足しておかねばならないだろう。国税・森林環境税でないなら、森林整備の財源確保の「手法」として何を推すのかという点である。なぜならば、本書の「はじめに」でも詳述したように、本書は、森林整備の充実と財源確保に意義を唱えているわけではなく、むしろ逆に整備充実と財源確保の必要性を積極的に認めているからである。

　したがって論考を締めくくる最後に、完全否定をした国税・森林環境税ではない手法として、いかなる財源調達の手法が望ましいのかを示す義務があると思われるのである。

　結論からいえば、いわゆる森林交付金が最適であろうと考えている。原資は国税とし、その意味では地方交付税の類型になるが、地方交付税とは別立てにして、もっぱら森林整備の財政需要に重点を置いた配分基準に従って自治体間で配分される一般交付金である。

　ただし、この点の詳述は将来の別稿へと送らせていただきたい。なぜならば、この点を敷衍しはじめると膨大な紙数が必要になり、本章の趣旨が曖昧

になってしまうからである。また、いま1つの理由として、本書の「おわりに」でも記すように、37府県が実施している森林環境税の研究を今後進める中で、森林交付金のあり方について、重要な知見がえられる可能性を感じているからでもある。森林交付金の本格的な論考は、その研究の成果も含めて発表させていただきたいと考えているのである。

第2章

国税・森林環境税創設の経緯とその問題点

飛田　博史

はじめに

　2019年3月27日に、「森林環境税及び森林環境譲与税に関する法律案」が可決成立し、2019年度より森林環境譲与税の譲与が開始された。これは2024年度に創設される国税・森林環境税を財源とし、その間は当座の財源を確保し、地方への譲与を先行させた。その背景には、2018年5月25日に成立した森林経営管理法にもとづく、新たな森林行政の推進があった。

　1998年の森林法改正以来、森林行政における市町村の役割が重視されるようになったが、十分な財源措置や組織体制が整わないため、必ずしも主体的な役割が果たせなかった。森林経営管理法にもとづく森林管理の新制度は、市町村による森林管理に重点を置き、しかもその裏付けとなる財源を新税により確保した点が注目される。

　しかし、具体的な制度の内容をみると、本著の各章で指摘しているように租税原則、譲与税の配分基準、国地方の森林政策などにおいてさまざまな問題点がみられる。それにもかかわらず、政府はこうした課題に関する十分な議論をせずに法律を成立させ、森林政策の本来の目的と税財政制度の矛盾をかかえたまま、前のめりで制度を推進した。

　本章では、国税・森林環境税および森林環境譲与税の制度創設に関わった
5つのアクターに焦点を当て、各関連資料や会議録等の言説などについて検
証し、なぜこのような矛盾に満ちた制度にいたったのか。また、この制度に
おいて懸念される森林政策や林業に関する課題とは何かを明らかにする。

　本章で取り上げる5つのアクターは次の通りである。①地方側の代表とし
て長年にわたり森林環境税の創設運動を続けてきた全国森林環境税創設促進
連盟および同議員連盟（以下適宜「連盟・議員連盟」と呼ぶ）②国税・森林環境
税および譲与税の創設を決定した与党税制調査会（以下「与党税調」と呼ぶ）③
課税や譲与税配分の理論的裏付けと具体的な仕組みを検討した総務省地財審
研究会（森林吸収源対策税制に関する検討会　以下「検討会」と呼ぶ）④安倍政権
の政策として林業を位置づけた経済財政諮問会議や未来投資会議などの内閣、
官邸⑤森林経営管理法の制度設計を行った林野庁。

　なお、本章では森林経営管理法にもとづく森林管理と国税森林環境税およ
び譲与税の全体を「森林管理新システム」と呼ぶことにする。

1 森林管理新システムの概要

(1) 国税・森林環境税制度の概要

　まず、図表1で国税・森林環境税および森林環境譲与税の概要について説明しよう。

　国税・森林環境税は市町村を主体とする私有林人工林の管理を通じて、森林の公益的機能を発揮するための財源として創設された新税である。財源確保の流れをみると、市町村が個人住民税均等割とあわせて納税者一律1,000円を国税として徴収し、都道府県を経由して国の特別会計に納付し、その全額が森林環境譲与税として都道府県および市町村に配分される。譲与基準は

図表1　森林環境税および森林環境譲与税の仕組み

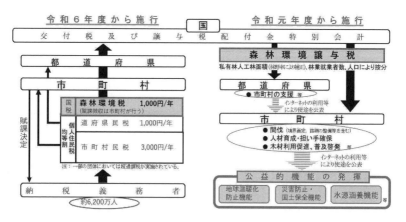

私有林人工林面積（10分の5）、林業就業者数（10分の2）、人口（10分の3）の3つで、市町村の私有林人工林面積については林野率に応じて割増補正が適用される（林野率75％以上：1.3倍　85％以上：1.5倍）。都道府県と市町村の譲与割合は、市町村を主体とする事業が中心であることから、総額の1割が都道府県、9割が市町村に配分される。ただし、当面は都道府県による市町村への事業支援が必要であることから、経過措置として初年度は都道府県2割、市町村8割とし、2024年度までに段階的に市町村の割合を引き上げていく。

　図表2は財源確保の中期見通しを示したものである。

　国税・森林環境税の課税は2024年度から始まり、一方の森林環境譲与税の交付は2019年度から開始された。課税が行われるまでの財源は地方公共団体金融機構の準備金2300億円を活用する。地方公共団体金融機構とは全

図表2　森林環境譲与税の譲与額と市町村及び都道府県に対する譲与割合及び譲与基準

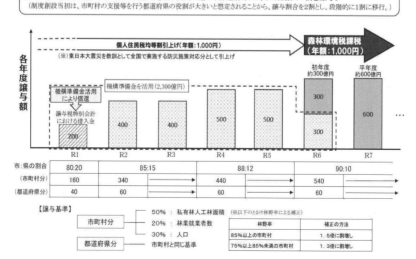

地方自治体が出資した資金調達機関で、その準備金とは同機構の前身となる地方公営金融公庫から引き継いだ債権の金利変動準備金である。この準備金は債権管理業務の縮小とともに国庫に帰属することになっているが、管理業務の廃止以前に、国が不要と判断した分については前倒しで国庫に戻すことができる。同譲与税はこの前倒し分を活用するものである。

　なお、2019年度の段階では、課税年度まで国の特別会計の借り入れで補てんし、その元利償還を併行して行う計画であったため、初年度の譲与税総額は200億円にとどまり、満額の600億円は2034年度とはるか先となる予定であった。ところが2020年度から金利変動準備金の活用に切り替えたため、2024年度から満額譲与が可能となった。

　政府は、わずか1年で財源を見直して譲与額を繰り上げた理由について、災害防止や国土保全機能強化などの観点から森林整備を促進するためと説明している（衆議院本会議2020年2月13日高市早苗大臣答弁）。一方で金利変動準備金の活用については、2019年度は活用できる残高がなく、2020年度に精査した結果、2300億円が確保できたと説明しており（衆議院総務委員会2020年2月27日内藤尚志政府参考人答弁）、準備金の活用が喫緊の災害対策に対応するための新たな財源対策だったのか、それとも当初から予定されていたが初年度は融通がきかなかったのか、政府側の見解にはあいまいさがみられる。いずれにしても財源確保をめぐっては場当たり感が否めない。

(2) 法律からみたポイント

　次にこの制度の意図を根拠法である「森林環境税及び森林環境譲与税に関する法律」の条文から探ってみよう。

◆目的と税財源の性格
　第1条ではこの法律の趣旨として、「この法律は、森林の有する公益的機能

の維持増進の重要性に鑑み、市町村（特別区を含む。以下同じ。）及び都道府県が実施する森林の整備及びその促進に関する施策の財源に充てるため、森林環境税について、納税義務者、税率、賦課徴収等の手続及びその納税義務の適正な履行を確保するため必要な事項を定めるとともに、その収入額に相当する額を森林環境譲与税として市町村及び都道府県に対して譲与するために必要な事項を定めるものとする」と書かれている。「・・財源に充てるため・・」と課税目的を明示していることから、国税・森林環境税は使途が特定された目的税とみなすことができ、政府答弁（議院総務委員会 2019 年 2 月 19 日　石田国務大臣答弁など）でも目的税であるという認識を示している。また、同譲与税についても同法第 34 条で都道府県、市町村の森林整備等の施策の費用に充てなければならないと書かれており、使途の定めがある譲与税ということになる。

　ところで冒頭の森林の有する「公益的機能」とは具体的に何なのか。林野庁の資料（『平成 29 年　森林及び林業の動向』2 ページ）によれば地球温暖化防止、災害防止・国土保全、水源涵養等といった環境保全面での森林の機能について書かれており、これが法文と同じ意味であるとすれば、自然環境としての森林機能を高めるための財源確保が課税の主たる目的と解釈できる。国税・森林環境税および森林環境譲与税はこうした意味での公益的機能の維持向上に資する政策に用いるべき財源である。

◆使途

　第 34 条では都道府県、市町村の譲与税の使途が規定されており、市町村については ①森林の整備に関する施策 ②森林の整備を担うべき人材の育成及び確保、森林の有する公益的機能に関する普及啓発、木材の利用の促進その他の森林の整備の促進に関する施策と書かれている。都道府県については市町村の ①の実施の支援等と ②の施策とされている。

　いずれも抽象的であり使途の線引きは不明であるが、「木材の利用の促進そ

の他の森林の整備の促進に関する施策」という箇所で、都市自治体の公共建築などへの木材利用も対象となっている。法律では決算段階で使途の内容を「インターネットの利用その他適切な方法」で公表することが義務づけられており、具体的な使途を自治体の裁量に委ねた上で、その適正を情報公開で担保する仕組みとなっている。

◆課税の根拠および税率

第3条で規定された納税義務者は法律施行地に住所を有する個人とされ、国が均等の額の国税・森林環境税を課するとし、その税率は1,000円である。国税における均等割課税について、法案審議における政府委員の説明は次のようなものである。

「森林は、地球温暖化防止あるいは災害防止等の公益的機能を有しまして、広く国民一人一人が恩恵を受けているということで、その整備等に必要な財源となる森林環境税につきましては、国民の皆様に広く均等に御負担をいただくという観点から、個人住民税均等割の枠組みを活用することとしておるわけでございます……」（2019年2月19日　衆議院総務委員会　総務大臣政務官古賀友一郎）

このように森林の公益的機能を国民が等しく受益しているという根拠から均等割課税を肯定している。しかし、本書の第1章で述べられているように、租税理論に従えば、応益を根拠とする均等割課税は地方税に適するものであり、国税による均等割課税は租税原則に照らして不適切である。

次に、税率については次のような根拠が示されている。

「この森林環境税、森林環境譲与税の制度を検討する際、必要となる財源について林野庁の方からその必要となる事業費についての試算をいただいたところでございます。その額が六百億円ということでございました。個人住民税の均等割が、納税義務者の方が六千二百万人ということでございますので、そこから考えますと年額千円ということになるものでございます」（2019年3

月19日　参議院総務委員会　総務省自治税務局長　内藤尚志）。さらに試算を行っ
た林野庁からは「この森林環境税の制度検討過程におきましては、そういっ
た条件不利な私有林における間伐量、これを大体年平均十万ヘクタール程度
と推計をいたしまして、これに境界確定でございますとかあるいは担い手育
成などその促進に関する費用を加えまして、そこで年間六百億円程度と試算
をしたところでございます」（同上参議院総務委員会　林野庁長官　牧元幸司）

　以上のような説明を総合すると税率の根拠が「条件不利な私有林」の管理
コストから導かれたことがわかる。条件不利な私有林の定義は述べられてい
ないが、少なくとも森林のない都市部は管理コストが発生する対象から除外
されると解釈できる。それにもかかわらず、管理すべき森林がほとんどない
都市部にも財源が配分されるのは、税率の根拠からみて矛盾している。

◆賦課徴収
　第7条では納税者への賦課徴収について市町村が個人住民税の均等割徴収
とあわせて行うことと規定されている。
　「森林環境税の賦課徴収は、この章に特別の定めがある場合を除くほか、住
所所在市町村（森林環境税の納税義務者が賦課期日において住所を有する市町村を
いう。以下この項及び次条第一項において同じ。）が、当該住所所在市町村の個人
の市町村民税の均等割の賦課徴収（地方税法第六条、第七条、第三百十一条、第
三百二十一条第二項又は第三百二十三条の規定によるものを除く。）の例により、当
該住所所在市町村の個人の市町村民税の均等割及び同法第四十一条第一項の
規定によりこれと併せて賦課徴収を行う当該住所所在市町村を包括する都道
府県の個人の道府県民税の均等割の賦課徴収と併せて行うものとする。この
場合において、同法第十七条の六第一項（第一号に係る部分に限る。以下この項
において同じ）の規定により賦課決定をすることができる期間については、森
林環境税及び個人の市町村民税は、同一の税目に属する地方税とみなして、
同条第一項の規定を適用するものとする」

ここで注目したいのは、国税・森林環境税の課税に際して個人住民税と「‥同一の税目に属する地方税とみなして」という一文である。これは市町村が個人住民税の均等割を課税する際に、国税・森林環境税を一時的に地方税と見なすことで地方自治体が国税を徴収することを可能にする条文で、事業税の一部を国税化して譲与する「特別法人事業税」と同様の規定である。ただし、そうなると市町村の条例で独自の均等割の減免を行っている場合、森林環境税の減免もこれに従うことになり、地方自治体間でみると納税者が同一の条件であっても森林環境税の課税に差が生じる可能性がある。このことについて神山（2018）は憲法14条（法の下の平等）や84条（租税法律主義）に照らして問題があると述べている [1]。

◆森林環境譲与税の譲与基準

　第27条では譲与税の譲与基準が定義されており、法案審議において人口割を適用した理由を次のように述べている。

　「森林整備を進めるためには、木材利用を促進することによる間伐材の需要の増加が重要であることでございますとか、都市部の住民を含めた国民全体の森林環境税への理解が必要であることなどを勘案いたしまして、多くの府県等で実施されておられる森林環境の保全等を目的とした超過課税について、平均すればおおむね3割強を森林整備以外の事業に充てていることも参考に、木材利用の促進や普及啓発等に相関する人口の基準を3割に設定をいたしました」（同上　牧元）

　ここでは府県の森林環境税（超過課税）の平均3割強が森林整備以外の事業に使われていることを根拠に、木材利用の促進などの事業と人口の相関性があるとして人口基準を肯定している。しかし、次の2点で制度の説明に関する政府答弁に疑問が生じる。

---

(1)　神山弘行（2018）pp.2-9 参照

　第一に先ほどの秋元氏の答弁では新税 600 億円の根拠は、市町村を主体とする条件不利な私有林の間伐量の推計にもとづく費用およびこれに要する境界確定や担い手育成などの促進費用から導き出したものである。ところが人口基準の根拠については、府県の事業実績を引用し木材利用の促進や普及啓発等といった森林整備以外の事業を想定している。木材利用による需要増加により間伐促進を図るという解釈もありうるが、そうなると、国地方の林業政策の多くがこれに包含されてしまい、「森林の公益的機能の維持」という本来の制度の目的を超えた拡大解釈となり、税額の根拠と譲与税の配分根拠に矛盾が生じる。

　第二に府県の森林環境税による「森林整備以外の事業」を人口基準の根拠としているが、そもそも市町村を主体とする新たな森林整備事業の財源であることから、必ずしも府県事業の既存内容が参考になるとは限らないこと。また、答弁で例示されている森林整備以外の事業には治山・流木対策や松枯れ木等処理、鳥獣対策など人口との相関が低いと思われる事業も含まれており、人口基準で 3 割強という按分基準が適当とはいえない。

　以上のように新税の概要と法案審議における答弁などを総合すると、課税の根拠や譲与税の配分方法などにおける矛盾をはらんでおり、制度創設の根拠のあいまいさが色濃くみられる。

　なお、「森林環境税及び森林環境譲与税に関する法律案」の国会審議では、衆参それぞれの附帯決議がなされ、「森林環境税及び森林環境譲与税制度について、各自治体における使途及び豊かな森林の公益的機能増進への効果を検証しつつ、必要がある場合には、豊かな森林環境の再生のために、森林環境譲与税の使途や譲与基準をはじめ、所要の見直しを行うこと」と明記された。

(3) 森林経営管理法

　今回の国税・森林環境税および森林環境譲与税は森林経営管理法と一体的

に運用される。そこで森林経営管理法についても解説しておこう。

この法律は森林所有者の管理が不十分であったり、所有者が不明であったりする私有林人工林について、林業経営の効率化や管理の適正化をはかるために、市町村が主体となって管理する制度である。

図表3は市町村による私有林管理の流れを表したものである。まず、市町村が地元の私有林所有者の意向調査を踏まえて「経営管理権集積計画」を策定し、所有者から経営管理権を移転してもらい、それらの私有林人工林を集約する。その上で、造林・育成、伐採、木材生産等を通じて林業経営に適した森林については、「意欲と能力のある林業経営者」に「経営管理実施権配分計画」に基づき実施権を設定し再委託する。これにより採算の合う潜在的な森林を掘り起こし、再委託した林業経営者に間伐、皆伐、再造林などの管理

図表3　森林経営管理法（森林経営管理制度）の概要

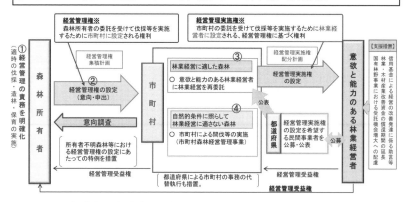

（資料）　林野庁ホームページ
（https://www.rinya.maff.go.jp/j/keikaku/keieikanri/attach/pdf/sinrinkeieikanriseido-24.pdf）

を委ねようというものである。

　その特徴は、法律に基づき、市町村が私有林の経営管理権の設定を主導的に行える点である。例えば共同で所有する私有林の管理権の設定について不同意の所有者がいる場合、市町村長の要請で都道府県知事の裁定により管理権を設定できること。あるいは所有者のわからないいわゆる不確知私有林について、一定の手続きを経た上で、なおも不明の場合にみなし管理権が設定できることなどがあげられる。このほか、市町村による経営管理が不十分な場合の都道府県知事による代執行の制度もあり、全般的に自治体による事実上の公有林化の権限が著しく強化された。なお、「意欲と能力のある林業経営者」の候補は都道府県が一定の要件を付して募集し、そのリストから市町村が選択する。

2　国税・森林環境税創設の経緯

　国税・森林環境税の創設をめぐっては、森林立地自治体を中心とする長年にわたる創設運動と第二次安倍政権における与党税制調査会の税制改正大綱（以下「大綱」と呼ぶ）を中心とする国の政策の２つの潮流でとらえることができる。

　まず、森林立地自治体を中心とする国税・森林環境税の創設運動史を振り返ることにする。

(1) 森林交付税構想と森林交付税創設促進連盟の設立

　国税・森林環境税へいたる運動史を振り返れば、1992年の森林交付税創設促進連盟の設立に淵源をたどることができる。

◆森林交付税構想

　同連盟の創設は、1991年に和歌山県本宮町（現田辺市）の中山喜弘町長が提唱した「森林交付税構想」から始まった。旧本宮町は田辺市中心部から東北東へ60キロメートル弱に位置し、奈良県十津川村と隣接する中山間地であり、現在では世界遺産となった熊野古道の聖地である熊野本宮大社がある。中山は1924年に同町の野竹という集落で生まれ、幼少期の一時期を除き生涯をこの集落で過ごした。山持ちの家系で集落では比較的豊かな家庭環境であったが、二人兄弟の兄の学費や肺結核の医療費を捻出するため多くの山林を売り、家計は悪化の一途をたどった。兄を失い一人残った彼が一家の大黒柱として生業を継ぎ、戦後の林業や集落の衰退を目の前で見続けた。

　1964年に中山は町議会議員に当選した。当時の日本の林業は1963年に外

材輸入が自由化され、国内材は一気に低価格競争に巻き込まれ、林業経営は赤字に瀕していた。林家は経営意欲を失い森林が放置されていき、そこで働く林業従事者も雇用の場を失い山村にはとどまれず、次々と故郷を去って行った。人の消えゆくつらさをなんとかしたいという思いが彼の立候補の理由であったという。その後助役を経て1983年に町長に就任した[2]。

1965年には過疎地域対策緊急措置法が制定され、山村の幹線道路や林道、その他公共施設などの基盤整備はめざましく進んだ。また、1987年のリゾート法の施行を受けて、和歌山県の「"燦"黒潮リゾート構想」[3]に組み込まれ、町内には3セク式のクアハウスや温泉施設などが建設されて集客に成功し、町財政も若干の改善も果たした。しかし、ハコ物や観光客が増えたところで町の過疎をとどめることはできなかった。

中山は企業誘致や観光などの可能性に限界を感じ、改めて町を支えてきた森林に目を向け、林業の資源林としてではない森林の公益的価値に着目した。

いみじくも、林野庁は1980年代に水源税構想を打ち出し、その根拠として森林の公益的機能の経済価値を30兆円以上と試算していた。中山はこれに着目し、これまで林業を通じて守ってきた森林管理に代わり、山村が公益的視点から森林を保全する役割を果たすための財源として1991年9月に「森林交付税」構想を議会に提案したのである。

中山は1997年の雑誌論文で基本的考え方を以下のようにまとめている。

○これまで、地方における林政機構は国→都道府県→森林組合のルートを基本としていたこともあって、市町村の林務体制および林業関係予算ははなはだ弱体である。現状では、市町村林政への期待に応えるこ

---

(2) 重栖隆（1997）
(3) 1986年に和歌山県が掲げた「テクノ＆リゾート計画」の一環となる開発構想で、1990年にリゾート法の指定を受けた。関西空港建設を見据えた臨海部の開発と熊野古道を中心とする山間部の観光施設開発などが行われた（神田孝治「観光政策の変容と熊野の表象」2007年日本地理学会秋季学術大会　妙録参照）

とはできない。

○林業構造改善事業、森林整備計画制度、流域森林管理システムなどにみられるように、最近森林林政が担うべき分野が増大している。そのためには、それを推進する財政的裏付けが必要である。そこで市町村林政を強化し、山村を健全な状態に維持するための新たな財政措置として「森林交付税」制度を提唱するものである。

○交付税の交付対象：森林所有者に直接交付する方法と、森林所在地の自治体への財政的支援が考えられるが、森林所有の形態並びに社会的環境からみるとき、私は森林を抱えて環境の保全に努めている自治体に対して森林保全の方策を考える立場をとる。

採算性を離れても森林を守る主体は自治体しか考えられない。つまり森林保全の最前線である自治体に、保全のための十分な財源措置を講じることである。

○財源：㋐一般財源によって新たにつくる。㋑地方交付税交付金における市町村の基準財政収入額の算定にあたって、収入の75％としているカウント率を見直し、この率を上げることによって生じる差額財源を充てる。㋒森林・山村対策の支援措置を増額のうえ移管する、などが考えられる。

○交付基準：森林面積を測定単位とし、補正係数として国有林・民有林の比率、森林面積比率、植栽の状況、さらに態様の変化を考慮した段階補正等を用いる。また林業従業者数を同じく測定単位に入れ、従事者の社会保険料等の経費にも配慮する。

○交付規模：森林の外部経済効果の試算＝年間40兆円をベースに考え、林業の赤字を埋めることによって現行の森林ストックの維持を図る額とする。その額は、森林面積や人工林面積を対象とした場合5500億円から1兆9000億円と試算される。ここで重要なことは、具体的な数字を計算するよりも手順を認識することである。

○使途：できるだけ裁量的な支出を保障しながらも、森林交付税という
名称を用いる意義を考えるならば、何らかの形で森林の保全に関連し
た内容に充てることが必要であろう。そうした使途をできるだけわか
りやすい形で公表すべきである。

（出典　中山喜弘「森林交付税提唱の原点と意味するもの」『公庫月報』45 巻 4 号、
1997 年 7 月、農林漁業金融公庫、18 ページより抜粋）

　地方財政制度には税収でまかなうべき必要経費と税収見通しを客観的に算
定し、財源不足が生じた場合にその不足分を補てんする地方交付税制度があ
る。中山は市町村の森林関連の財源が不十分であることを踏まえ、地方交付
税の枠内における財源保障の充実あるいは地方交付税とは別枠の交付税措置
を構想した。

◆全国森林交付税創設促進連盟・議員連盟の設立

　中山の提案は町議会において全会一致で採択され、1992 年 11 月には町長
自らの呼びかけで全国 36 町村の首長が東京都内に集結し、ここに「全国森
林交付税創設促進連盟」（以下「連盟」と呼ぶ）の結成の合意にいたった。その後、
定期的なフォーラムを開催するなかで、わずか 3 年後には加盟団体が 360 市
町村に達するほど急速に発展し、2017 年 10 月末現在で 2 特別区、3 政令市
を含む 629 市区町村が加盟していた（会長　山梨県早川町長　辻一幸　なお加盟
数については検討会報告書参照）。

　連盟の設立から 2 年後の 1994 年 10 月には、連盟の運動に呼応するかたち
で新潟県の山北町（現村上市）議会が提唱し、「森林交付税創設促進議員連盟」（以
下「議員連盟」と呼ぶ）が結成された。議員連盟についても、毎年度、各地で
定期総会を開催しながら加入議会を拡大し、2017 年 10 月末現在で 355 議
会が加盟していた（会長　村上市議会議長　板垣一徳）。

　なお、国税・森林環境税および譲与税の創設を受けて、連盟は 2019 年 4
月 9 日、議員連盟は 2019 年 11 月 30 日に発展的に解散した。

(2) 国税・森林環境税創設の経緯

　これらの組織が、創設以来どのような運動を展開したのだろうか。連盟については記録が公表されていないため、議員連盟の関係資料で経過を追ってみよう。

　資料1は議員連盟の活動とあゆみである。

◆「森林交付税」から「森林環境・水源税」へ

　森林交付税創設を目指した運動は2003年度を節目に新税創設へと大きく転換する。具体的な構想として「森林環境・水源税」が提案され、これに合わせて連盟・議員連盟の改称も行った。

　この交付税から税へと転換した背景には、小泉内閣のいわゆる三位一体改革があった。三位一体改革は2004年度から2006年度にかけて行われた地方財政改革で、国庫補助負担金の削減と引き換えに国から地方へ3兆円の税源移譲が行われ、同時に5.1兆円もの地方交付税が削減された改革である。この改革に先立ち、2003年6月に閣議決定された「経済財政運営と構造改革に関する基本方針2003」において、税源移譲や地方交付税の削減方針が打ち出され、また、地方の公共事業の大幅削減なども盛り込まれた。

　連盟・議員連盟は、森林整備の要となる公共事業や交付税の削減方針を受けて、森林交付税を求める運動に見切りをつけ、新税創設へと路線を転換することとなった。

　2003年当時の連盟の趣意書には次のように書かれている。「森林、山村地域の市町村に残された税財源は、『森林の持つ公益的機能に対する新税の創設』しか想定できず、今こそ、新たな運動の展開が必要であると考えます。全国の森林、山村地域を守る市町村として、森林の有する公益的機能に着目し、水（飲料水、工業用水及び水力発電）や二酸化炭素排出源（化石燃料等）等を課税

資料1　議員連盟の活動とあゆみ

■全国森林環境税創設促進議員連盟の活動とあゆみ

期　日	事　項
平成6年10月7日	森林交付税創設促進全国議員連盟設立総会　山形県温海町　加盟数：124
	・新潟県山北町議会の提唱により、全国124市町村議会で森林交付税創設促進全国議員連盟を結成。平成4年に結成された市町村の森林交付税創設促進連盟と歩調を合わせ、地方交付税の現行基準内ではなく、別枠での創設を求めた。
	・両連盟が地方交付税と別枠の「森林交付税」創設を要望したのを受け、平成7年度から森林面積の多い全国の市町村へ地方交付税交付金を多く配分する「森林地域優遇策」が講じられた。
平成7年8月25日	第2回森林交付税創設促進全国議員連盟定期総会・新潟県新潟市
平成8年11月	・森林交付税創設促進のための要望行動（政府、各政党）※以下毎年要望。
	・平成13年11月、森林交付税創設促進のための要望行動（政府、各政党、関係国会議員）
	※以下毎年要望
平成8年8月5日	第3回森林交付税創設促進全国議員連盟定期総会・新潟県新潟市
平成9年8月1日	第4回森林交付税創設促進全国議員連盟定期総会・北海道美瑛町
平成10年7月22日	第5回森林交付税創設促進全国議員連盟定期総会・高知県高知市
平成11年7月22日	第6回森林交付税創設促進全国議員連盟定期総会・東京都千代田区
平成12年7月19日	第7回森林交付税創設促進全国議員連盟定期総会・福島県会津若松市
平成13年7月4日	第8回森林交付税創設促進全国議員連盟定期総会・鳥取県三朝町
平成14年7月12日	第9回森林交付税創設促進全国議員連盟定期総会・福岡県久留米市
平成15年7月11日	第10回森林交付税創設促進全国議員連盟定期総会・岐阜県高山市　加盟数：586
	・国の危機的な財政状況から、公共事業や地方交付税の削減が行われる中、新たな交付税の創設は極めて至難となったため、市町村促進連盟と協議のもと、第10回定期総会において「全国森林環境・水源税」を提唱し、連盟の名称も「全国森林環境・水源税創設促進議員連盟」に改称した。
	森林の有する公益的機能に着目し、水（上水道、工業用水及び水力発電）や二酸化炭素排出源（化石燃料等）等を課税客体とし、全国民が負担する国税（間接税）による新たな財源を創設し、森林、山村地域の維持発展を担う市町村財政に寄与するための制度の実現を図ることとした。
	・平成15年7月以降、市町村促進連盟と連携のもと、国会議員等への協力要請活動を行い、約270名の賛同を得るとともに、国会議員連盟発足に向けて国会議員の中から各ブロック代表世話人（9名）を選出し、代表世話人会を発足。
	・発足以来、増加していた会員市町村議会数が、平成15年度には593となる。
平成16年6月	・代表世話人会の第1回会合を開催し、代表に保利耕輔衆議院議員（佐賀3区）、事務局長に景山俊太郎参議院議員（島根）が就任することを決定した。
平成16年7月16日	第11回全国森林環境・水源税創設促進議員連盟定期総会・兵庫県三田市　加盟数：535
	・第11回定期総会において、平成の「市町村大合併」が大詰めを迎える中、合併後も引き続き継続して加入することをお願い、申し合わせ。
平成17年7月7日	第12回全国森林環境・水源税創設促進議員連盟定期総会・東京都昭島市　加盟数：330

期　日	事　項
平成17年12月	・市町村促進連盟と今後の活動方針について協議。衆議院選挙後のため、再度、国会議員へ賛同を求めていくことを確認。
平成18年5月	・市町村促進連盟総会で、新税について具体的な検討を行うための「全国森林環境・水源税創設検討委員会」の設置が了承され、同検討委員会に当連盟から板垣会長が就任。
平成18年7月	・第1回検討委員会開催。今後の課題等について協議。 ・8月、第2回検討委員会開催。昭和60年、61年の2カ年議論されて実現しなかった「水源税、森林・河川緊急整備税」との誤解を生まないためにも、「全国森林環境・水源税」から「水源」を削除して「全国森林環境税」の名称で新税の創設を目指すとの結論に達する。
平成18年7月13日	第13回全国森林環境税創設促進議員連盟定期総会・新潟県新潟市　加盟数：301
平成18年11月21日	・「砂防会館」において臨時総会を開催（149名出席）本連盟の名称を「全国森林環境税創設促進議員連盟」と改称するとともに、会員議会から地方自治法第99条の規定に基づき全国森林環境税の創設を求める意見書を提出することとした。
平成19年3月	・全国159市町村議会から意見書が提出された。（本連盟会員121議会）
平成19年7月13日	第14回全国森林環境税創設促進議員連盟定期総会・高知県県高知市　加盟数：300
平成19年9月	・国会議員連盟発足のための代表世話人代表：保利　耕輔（衆議院・佐賀3区）中川　義雄（参議院・北海道16区）野呂田芳成（衆議院・秋田2区）　稲葉　大和（衆議院・新潟3区）野田　聖子（衆議院・岐阜1区）　二階　俊博（衆議院・和歌山3区） 事務局長：森山　裕（衆議院・鹿児島5区）　山本　有二（衆議院・高知3区）
平成20年7月10日	第15回全国森林環境税創設促進議員連盟定期総会・埼玉県秩父市　加盟数：305
平成21年7月9日	第16回全国森林環境税創設促進議員連盟定期総会・長野県松本市　加盟数：290
平成22年7月15日	第17回全国森林環境税創設促進議員連盟定期総会・和歌山県田辺市　加盟数：296
平成22年12月22日	・政府は臨時閣議において「地球温暖化対策のための税」の導入など盛り込んだ「平成23年度税制改正大綱」を決定。しかし、関係法案の国会提出は見送りとなった。
平成23年7月14日	第18回全国森林環境税創設促進議員連盟定期総会・鳥取県三朝市　加盟数：307
平成23年12月10日	・政府は臨時閣議において「地球温暖化対策のための税」の導入など盛り込んだ「平成24年度税制改正大綱」を決定
平成24年5月15日	・全国森林環境税創設促進連盟特別総会に議員連盟会長及び副会長出席し、全国森林環境税の創設に関する決議を促進連盟、議員連盟の連名で採択
平成24年7月12日	第19回全国森林環境税創設促進議員連盟定期総会・北海道美瑛町　加盟数：314
平成24年7月24日	・当面の措置として、地球温暖化対策に関する「地方財源を確保・充実する仕組み」の構築を求める意見書の採択について、全国1,742市町村（特別区含）に対して依頼活動
平成24年8月1日	・森林・林業・林産業活性化推進議員連盟総会で要望活動
平成24年8月3日	・自由民主党農政推進協議会で要望活動
平成24年8月3日	・地球温暖化対策に関する「地方財源を確保・充実する仕組み」の構築を求める意見書の採択状況について照会（585市区町村議会で採択）
平成24年11月9日	・森林・林業・林産業活性化推進議員連盟総会で要望活動
平成24年11月14日	・衆参両院国会議員に対する要望活動

期　　日	事　　　　　項
平成24年11月21日	・自由民主党農林部会で要望活動
平成25年1月15日	・全国森林環境税創設促進連盟との合同正副会長会議を開催し、自由民主党税制調査会委員、自由民主党三役に対して要望活動
平成25年1月24日	・自由民主党及び公明党の『平成25年度税制改正大綱』において、「消費税法等改正第7条に基づき、早急に総合的な検討を行う」とされた
平成25年5月28日	・全国森林環境税創設促進連盟設立20周年記念大会に議員連盟会長及び副会長出席し、全国森林環境税の創設に関する決議を促進連盟、議員連盟の連名で採択
平成25年7月12日	・第20回全国森林環境税創設促進議員連盟記念大会・福島県南会津町　　加盟数：322
平成25年8月6日	・「森林吸収源対策及び地球温暖化対策に関する地方の財源確保のための意見書採択」に関する陳情について、全国1,742市町村（特別区含）に対して依頼活動
平成25年10月2日	・「森林吸収源対策及び地球温暖化対策に関する地方の財源確保のための意見書採択」に関する陳情についての採択状況照会　**（640市町村議会で採択）**
平成25年11月6日	・衆参両院国会議員に対する要望活動
平成25年11月12日	・自由民主党農林部会で要望活動
平成25年11月27日	・『地球温暖化対策に関する地方の財源確保』の実現のため、全国森林環境税創設促進連盟・議員連盟両会長による要請活動
平成25年12月12日	・自由民主党及び公明党の『平成26年度税制改正大綱』において、「税制抜本改革法第7条の規定に基づき、森林吸収源対策及び地方の地球温暖化対策に関する財源の確保について、財政面での対応、森林整備等に要する費用を国民全体で負担する措置等、新たな仕組みについて専門の検討チームを設置し早急に総合的に検討を行う」とされた
平成26年5月27日	・全国森林環境税創設促進連盟定期総会に議員連盟会長及び副会長が出席し、「全国森林環境税の創設に関する意見」を促進連盟、議員連盟の連名で採択し、終了後、国会議員等への要請活動をおこなった
平成26年7月17日	・第21回全国森林環境税創設促進議員連盟定期総会・大分県日田市　　加盟数：327
平成26年10月30日	・自由民主党の農林部会に出席し、促進連盟、議員連盟両会長が発言をおこなった
平成26年11月11日	・衆参両院国会議員に対する要望活動
平成26年12月30日	・自由民主党・公明党の『平成27年度税制改正大綱』において、「森林吸収源対策及び地方の地球温暖化対策に関する財源の確保について、財政面での対応、森林整備等に要する費用を国民全体で負担する措置等、新たな仕組みの導入に関し、森林整備等に要する費用を国民全体で負担する措置等、新たな仕組みの導入に関し、森林整備等に係る受益と負担の関係に配意しつつ、ＣＯＰ21に向けた2020年以降の温室効果ガス削減目標の設定までに具体的な姿について結論を得る。」とされた
平成27年5月26日	・全国森林環境税創設促進連盟定期総会に議員連盟会長及び副会長が出席し、「全国森林環境税創設に関する決議」を促進連盟、議員連盟の連名で採択し、終了後、国会議員等への要請活動をおこなった
平成27年7月16日	・第22回全国森林環境税創設促進議員連盟定期総会・新潟県村上市　　加盟数：334
平成27年11月12日	・衆参両院全国会議員に対する要請活動
平成27年11月13日	・自由民主党農林部会に出席し、促進連盟辻会長、議員連盟牧田会長代行が発言をおこなった
平成27年12月16日	・自由民主党・公明党の『平成28年度税制改正大綱』において、「2020年度及び2020年以降の温室効果ガス削減目標の達成に向けて、森林吸収源対策及び地方の地球温暖化対策に関する安定的な財源の確保についての新たな仕組みとして以下の措置を講ずる」とされ、次のとおり明記された。　　平成28年度税制改正大綱（抜粋）

期　　日	事　　　　項
平成28年5月24日	・全国森林環境税創設促進連盟定期総会に議員連盟会長及び副会長が出席し、「全国森林環境税の創設に関する意見」を促進連盟、議員連盟の連名で採択し、終了後、国会議員等への要請活動をおこなった
平成28年7月21日	・第23回全国森林環境税創設促進議員連盟定期総会・岐阜県高山市　加盟数：334
平成28年11月2日	・自由民主党農林部会等合同会議における税制改正要望の聴取に促進連盟、議員連盟両会長が出席して発言をおこなった
平成28年11月8日	・衆参両院全国会議員に対する要請活動
平成28年12月8日	・自由民主党・公明党の『平成29年度税制改正大綱』において「2020年度及び2020年以降の温室効果ガス削減目標の達成に向けて、森林吸収源対策及び地方の地球温暖化対策に関する安定的な財源の確保について、以下の措置を講ずる。」とされ、次のとおり明記された　　平成２９年度税制改正大綱（抜粋）
平成29年5月23日	・全国森林環境税創設促進連盟総決起大会に議員連盟会長及び副会長が出席し、「全国森林環境税の創設に関する決議」を促進連盟、議員連盟の連名で採択し、終了後、国会議員等への要請活動をおこなった
平成29年7月20日	・全国森林環境税創設総決起大会(第24回定期総会)・高知県高知市　加盟数：355
平成29年8月7日	・「全国森林環境税の創設に関する意見書採択」に関する陳情を全国1,741市区町村議会に対して依頼
平成29年10月6日	・「全国森林環境税の創設に関する意見書採択」に関する陳情の採択状況照会(615市町村議会で採択)
平成29年11月9日	・自由民主党農林部会等会議における税制改正要望の聴取に促進連盟、議員連盟両会長が出席して発言をおこなった
平成29年11月30日	・自由民主党農林部会等会議における税制改正要望の聴取に促進連盟、議員連盟両会長が出席して発言をおこなった
平成29年12月14日	・自由民主党・公明党の『平成30年度税制改正大綱』において「パリ協定の枠組みの下におけるわが国の温室効果ガス排出削減目標の達成や災害防止を図るための地方財源を安定的に確保する観点から、次期通常国会における森林関連法令の見直しを踏まえ、平成31年度税制改正において、森林環境税（仮称）及び森林環境譲与税（仮称）を創設する。」とされ、次のとおり明記された。　　平成３０年度税制改正大綱（抜粋）
平成30年5月22日	・全国森林環境税創設促進連盟定期総会に議員連盟板垣会長が出席し、「森林環境税（仮称）等関連法案の成立に関する要望」を促進連盟、議員連盟の連名で採択し、終了後関係国会議員へ要請活動をおこなった
平成30年7月19日	第25回全国森林環境税創設促進議員連盟定期総会・埼玉県秩父市　加盟数：355

（資料）森林環境税創設促進議員連盟ホームページ
(https://www.city.murakami.lg.jp/uploaded/attachment/36344.pdf)

客体とし、全国民が負担をする国税（間接税）による新たな財源を創設し、森林、山村地域の維持発展を担う市町村の財政に寄与するための制度を実現していかなければなりません」。

　連盟・議員連盟の主張内容からは、新税の詳細な制度設計をどこまで検討していたかは不明であるが、少なくとも課税客体が水源あるいは二酸化炭素排出源であること。国税による税収を地方に配分するという仕組みであることは確認できる。

　また、長年の交付税構想から新税構想へと切り替え、その具体的な内容を直ちに打ち出すことができた背景には、環境関連税制をめぐる国や地方の動きもあったと推測される。たとえば水源に対する課税は、1980年代の農水省による「水源税構想」や農水・建設両省による「森林・河川緊急整備税構想」という先例があった。また、地方自治体においても2000年には神奈川県の「水源環境税構想」が公表され、2003年度には高知県の「森林環境税」（超過課税）が創設される[(4)]など、地方の取組も注目されていた。一方、二酸化炭素排出源への課税についても、環境省が2004年に環境税案を公表するなど、制度設計や具体例などがさまざまな方面で蓄積されつつあった。

◆「水源税」の挫折から「森林環境税」へ

　ところが森林環境・水源税構想はわずか3年で挫折し、2006年度以降、現在の制度へいたる「森林環境税」構想へと転換し、「全国森林環境税創設促進連盟」および同議員連盟へ再び改称することとなった。当時の議員連盟の会報誌「あゆみ」には「『水源税、森林・河川緊急整備税』との誤解を生まないためにも、『全国森林環境・水源税』から『水源』を削除して『全国森林環境税』の名称で新税の創設を目指すとの結論に達する」と書かれている。

　ここで改称の原因となった「水源税」および「森林・河川緊急整備税」に

---

(4) 髙井正「森林保全税政策の形成と全国的展開」『水と森の財政学』pp.79-80参照

ついて触れておこう。

　1985 年に提起された農水省の「水源税構想」は、水源涵養を目的とする間伐などの森林整備にかかる緊急の特別財源措置として、水道水、工業用水、発電用水等の使用料に 10 年間の期限で課税するものであった。税率は水道水、工業用水は使用水量 1 m^3 あたり 1 円、発電用水については 1 m^3 あたり 0.1 円とし、税収見込みは平年度ベースで 550 億円と試算した。また税収のうち 4 分の 1 は「水源譲与税」として都道府県に一定の基準で譲与するとした。

　翌年には農水省と建設省の構想[5] を一本化して、「森林・河川緊急整備税構想」が提案された。財源確保の目的は森林整備と河川整備で事業期間は 10 年間とした。課税対象は基本的に農水省構想と同じであったが、水力発電の課税標準については発電電力量に変更し、税率については使用水量 1 m^3 あたり 2.5 円、発電電力量は 1 kw あたり 0.9 円、税収見込みは平年度ベースで 1,170 億円と試算した。このうち税収の 17 分の 7 は森林整備分として森林保全特別会計、17 分の 10 は河川整備分として治水特別会計に直入し、森林整備分については 10 分の 2 を都道府県、10 分の 1 を市町村に譲与税として譲与するとした。いずれも国税新税の一部を譲与税により自治体に配分する仕組みであり、今日の森林環境税を彷彿させる。

　ところが、この構想は財界、経済界を巻き込みながら自民党内、省内を二分する激しい対立を生み、最終的に党税調の審議にゆだねられ、整備税の創設を見送ることとなった。その上で代替案として治山治水予算の重点化、森林・河川整備のための基金創設などを決定し混乱は収束した。

　以上のような 1980 年代の政局を巻き込む混乱の歴史を踏まえ、連盟の水源税案の部分が削除されたのである。ただし、当時の決議文では「水や二酸化炭素排出源を課税客体とし、全国民が負担する国税による新たな財源とし

---

(5)　河川法に基づき、都道府県知事が徴収する区域内河川の流水占用料は一級河川も含めて都道府県に帰属するものとされていたが、これを改正して国に帰属させる案。ただし、都道府県に対しては国帰属分の収入額を国が保証するとしていた（森林整備推進協議会編（1987）、pp.16-17 参照）

て『全国森林環境税』の創設を期する」と記述されており、基本的な主張は変わっていないものの、水源を課税客体とする新税運動は封印されたといえる。

◆地球温暖化対策税の地方財源化の壁と新たな展開

　森林環境税に改称後、連盟・議員連盟として具体的な税財源の要求を行ったのは、2013 年の「全国森林環境税の創設に関する意見」である。これは、前年にＣＯ２排出抑制対策の財源として、石油石炭税の税率に上乗せする国税の地球温暖化対策税が創設されたことから、その税収の一定割合を森林面積に応じて地方に譲与する提案であった。この意見書に関する議員連盟の活動でみると、2013 年 8 月 6 日から全市区町村への採択活動を行い、2013 年 10 月 2 日現在で 640 市町村議会、約 37％が採択しており、当時、多くの自治体で財源確保の期待をもっていたことがうかがわれる。しかし、この連盟等の地球温暖化対策譲与税案は政府に取り上げられることはなく、連盟・議員連盟が要求してきた水源あるいは化石燃料を課税客体とする財源構想は攻め手を失った。

　ところが平成 26 年度与党税制改正大綱（以下、各年度「大綱」と呼ぶ）の検討事項において、森林吸収源対策および地方の地球温暖化対策に関する財源確保について専門チームを設置して検討することが明記され、2014 年 3 月に自民党検討プロジェクトチームが設置され、制度化へ向けて政府、与党が大きく踏み出すことになった。これをきっかけに政府、与党、その他審議会等の議論を重ね、平成 30 年度大綱において森林環境税の創設が明記されるにいたった。

　なお、資料 1 に記載されているように、連盟・議員連盟は長年にわたり政府与党などへの働きかけを続けてきた。2003 年 7 月には国会議員連盟発足へ向けた代表世話人会を立ち上げそのネットワークを広げており、2013 年以降では自民党農林部会への要望活動を積極的に行ってきた様子がみられる。

農林部会は農林・食料戦略調査会や林政対策委員会などの農林族議員の属する組織であり、これらの合同会議では業界団体からの税制改正要望が聴取されるため、連盟・議員連盟などからも関係者が出席しており、与党税調などの議論にも影響を与えたと推察される。

　以上、連盟・議員連盟創設以来の森林関連税財源の構想等を中心に経過をたどってきた。その主張は森林の公益的機能の保全のための税財源の確保という点でほぼ一貫しているが、具体的な財源構想では国の税財政改革の動向に翻弄され二転三転せざるをえなかった。新税構想に転換した 2003 年度以降は水源や CO_2 排出源を課税客体とした税源を要求してきたが、一連の連盟・議員連盟案が直接的に制度化へ結びつくことなく行き詰まりを見せていた。そうしたなかで、政府による地球温暖化対策への取組を背景に与党税調などにおける新税創設へ向けた検討へ引き継がれていった。

3　国の動き ① ― 与党税制調査会

　国税・森林環境税の創設を主導したアクターは与党税調である。政府とし
て税制を審議する政府税制調査会では今回の新税を議論の俎上にあげておら
ず、もっぱら与党税調の議論にゆだねられた。したがって、与党税調内部の
議論が新税創設の重要な鍵となるが、肝心の議事録等は公開されておらず、
詳細な検証は不可能である。そこで一般公開されている大綱の内容を、連盟・
議員連盟の運動記録や総務省「森林吸収対策税制に関する検討会報告書」な
どとあわせて検証する。

(1) 前段階

　森（2018）によれば、国税・森林環境税の導入は京都議定書（1997 年 12 月
11 日採択）を端緒としている [6]。この議定書では日本における温室効果ガス
排出量を 2008 ～ 2012 年の期間内に 1990 年比で 6 ％削減することが義務
づけられ、政府は 2002 年 6 月 4 日にこの議定書を受諾し、温暖化対策の具
体的な対策を検討することとなった。平成 15 年度大綱では「我が国が本年
6 月に締結した京都議定書の目標達成に向けて、地球温暖化対策をはじめ環
境問題に対する国・地方を通じた総合的な取組みを一層進めるため、いわゆ
る『環境税』の導入を含め、税制面においては、原因者負担を基本としつつ、
規制等による環境対策の具体的枠組みの中での役割を踏まえながら、環境問
題全般に配慮した実効性のある施策について、幅広い観点から、さらなる検

---

(6)　森稔樹（2018）pp.114-115 参照

討を進める」と明記された。また、政権交代後の平成22年度大綱では地球温暖化対策のための地方環境税の検討もあげられた[7]。

(2) 国税・森林環境税創設にいたる国の動向

今回の新税創設の直接的な契機となったのは、2012年8月22日に公布された税制抜本改革法[8]である。この第7条1号ヲで「森林吸収源対策（森林等による温室効果ガスの吸収作用の保全等のための対策をいう。）及び地方の地球温暖化対策に関する財源確保について検討する」と記述され、同年10月には地球温暖化対策税（石油石炭税の上乗せ）が創設されたことで、森林環境税を検討する環境が整っていた。

政策形成へ向けた大きな動きは第二次安倍政権発足後の平成26年度大綱である。この検討事項において次のように明記された。「税制抜本改革法第7条の規定に基づき、森林吸収源対策及び地方の地球温暖化対策に関する財源確保について、財政面での対応、森林整備等に要する費用を国民全体で負担する措置等、新たな仕組みについて専門の検討チームを設置し早急に総合的な検討を行う」。これを受けて、2014年3月に自民党政務調査会に「森林吸収源対策等に関する財源確保について新たな仕組みの専門検討プロジェクトチーム」（以下「ＰＴ」と呼ぶ）が設置されて具体的な検討に着手した。同年6月に中間とりまとめ、2017年12月に最終とりまとめが与党税調に示され、これを踏まえて、最終的に国税・森林環境税および森林環境譲与税の具体的な内容が平成30年度大綱で決定された。このＰＴのチーム体制、会議のスケジュールおよびとりまとめの内容は公表されていないため、具体的な審議内容などの影響を検証することはできないが、大綱の内容に大きく寄与した

---

(7) 森稔樹（2018）p.115
(8) 社会保障の安定財源の確保等を図る税制の抜本的な改革を行うための消費税法の一部を改革する等の法律

と推察される。

(3) 与党税制改正大綱の検証

次に国税・森林環境税をめぐる与党税調の記述の変化を、平成 25 年度大綱から平成 30 年度大綱にわたり年度ごとにみていこう。なお本文内の下線は筆者が加筆したものである。

◆平成 25 年度大綱

> 地球温暖化対策は、エネルギー起源ＣＯ₂排出抑制対策と森林吸収源対策の両面から推進する必要がある。このうち、エネルギー起源ＣＯ₂排出抑制のための諸施策を実施する観点から、地球温暖化対策のための石油石炭税の税率の特例措置が講じられている。
>
> 一方、森林吸収源対策については、国土保全や地球温暖化防止に大きく貢献する森林・林業を国家戦略として位置付け、ＣＯ₂吸収源対策として造林・間伐などの森林整備を推進することが必要である。
>
> このため、「社会保障の安定財源の確保等を図る税制の抜本的な改革を行うための消費税法の一部を改正する等の法律」第 7 条の規定に基づき、森林吸収源対策及び地方の地球温暖化対策に関する財源の確保について早急に総合的な検討を行う。（91 ページ　検討事項）

与党民主党時代に税制調査会が廃止されていたため、政権復帰後初の大綱である。地球温暖化対策として 2012 年に創設された地球温暖化税の特例措置に触れ、一方の森林吸収源対策として森林・林業国家戦略に位置づけ造林や間伐などを推進するとしており、この時点では森林政策の主目的を環境保全に置いている。地方財源については地球温暖化対策に関する財源確保の検

討を明記しているが、この段階では具体的な環境に関する税には言及していない。なお、大綱のなかでは検討事項の中に書かれており、この位置づけは平成27年度大綱まで続く。

◆平成26年度大綱

わが国は、本年11月に開催された気候変動枠組条約第19回締約国会議（ＣＯＰ19）において、2020年の温室効果ガス削減目標を、2005年比で3.8％減とすることを表明した。この目標を確実に達成するためには、排出抑制対策と森林吸収源対策の両面から、多様な政策への取組みを推進していかなければならない。

こうした中、地球温暖化対策のための石油石炭税の税率の特例措置を講じているが、この税収はエネルギー起源ＣＯ$_2$排出抑制のための諸施策の実施のための財源として活用することとなっている。

一方、森林吸収源対策については、国土保全や地球温暖化防止に大きく貢献する森林・林業を国家戦略として位置付け、造林・間伐などの森林整備を推進することが必要であるが、安定的な財源が確保されていない。このため、税制抜本改革法第7条の規定に基づき、森林吸収源対策及び地方の地球温暖化対策に関する財源の確保について、財政面での対応、森林整備等に要する費用を国民全体で負担する措置等、新たな仕組みについて専門の検討チームを設置し早急に総合的な検討を行う。

（118～119ページ　検討事項）

基本的な文言は変わらないが、地球温暖化税の使途が「ＣＯ$_2$排出抑制のための諸施策の実施のための財源として活用する」ことを強調している。これは、先述のように連盟・議員連盟の地球温暖化対策税の地方財源化要求を牽制した一文とも解釈できる。

　また、先ほど触れたように森林整備等に要する費用に対する国民負担の新たな仕組みに関する自民党ＰＴの設置が指示され、環境に関する新税を含めた検討に言及している。

◆平成27年度大綱

　森林吸収源対策及び地方の地球温暖化対策に関する財源の確保について、財政面での対応、森林整備等に要する費用を国民全体で負担する措置等、新たな仕組みの導入に関し、森林整備等に係る受益と負担の関係に配慮しつつ、ＣＯＰ21に向けた2020年以降の温室効果ガス削減目標の設定までに具体的な姿について結論を得る。（126ページ　検討事項）

　各年の大綱を通じて最も短文であり、特筆すべきことはないがＣＯＰ21へ向けて新税創設の期限を示している。

◆平成28年度大綱

　7　森林吸収源対策
　　2020年度及び2020年以降の温室効果ガス削減目標の達成に向けて、森林吸収源対策及び地方の地球温暖化対策に関する安定的な財源の確保についての新たな仕組みとして、以下の措置を講ずる。
(1)　エネルギー起源ＣＯ$_2$の排出抑制のための木質バイオマスのエネルギー利用や木材のマテリアル利用を普及していくことは、森林吸収源対策の推進にも寄与することから、地球温暖化対策のための税について、その本格的な普及に向けたモデル事業や技術開発、調査への活用の充実を図ることとし、経済産業省、環境省、林野庁の3省庁は連携して取り組む。

(2)　森林整備や木材利用を推進することは、地球温暖化防止のみならず、国土の保全や地方創生、快適な生活環境の創出などにつながり、その効果は広く国民一人一人が恩恵を受けるものである。しかしながら、森林現場には、森林所有者の特定困難や境界の不明、担い手の不足といった、林業・山村の疲弊により長年にわたり積み重ねられてきた根本的な課題があり、こうした課題を克服する必要がある。

　このため、森林整備等に関する市町村の役割の強化や、地域の森林・林業を支える人材の育成確保策について必要な施策を講じた上で、市町村が主体となった森林・林業施策を推進することとし、これに必要な財源として、都市・地方を通じて国民に等しく負担を求め、市町村による継続的かつ安定的な森林整備等の財源に充てる税制（森林環境税（仮称））等の新たな仕組みを検討する。その時期については、適切に判断する。（15〜16ページ　基本的考え方）

　大綱における位置づけが冒頭の「基本的考え方」に移行し、さらに記述内容が充実している。

　（1）では森林吸収源対策として木材利用の普及が盛り込まれ、そのために経産省、環境省、林野庁が連携することを求めており、森林整備が環境保全を超えて林業の成長産業化まで視野に入れたものへと変化していることがわかる。

　（2）では森林・林業施策における市町村の役割を強化するため、必要な財源として国税・森林環境税案を初めて提示している。その中で、産業としての林業の活性化の必要性とその財源を国民が均等に負担する考え方が述べられており、あくまで私見であるが、国税・森林環境税の均等割や木材需要喚起のための都市部への財源配分の可能性を暗示している。

　これまでに大綱の記述と比較すると、従来は国際協定を踏まえた環境保全を軸とする地球温暖化対策のための財源確保という筋立てであったが、この大綱では明らかに地球温暖化対策を通じて派生するエネルギー産業や林業活

性化を視野に入れた税制改革を目指している。後に法制化する森林経営管理法と税制改革の狙いを結びつければ、市町村はいわば林業の成長戦略を支える森林整備の担い手として位置づけられ、その財源として国税・森林環境税を創設する構図が浮かび上がってくる。

◆平成 29 年度大綱

6　森林吸収源対策

2020 年度及び 2020 年以降の温室効果ガス削減目標の達成に向けて、森林吸収源対策及び地方の地球温暖化対策に関する安定的な財源の確保について、以下の措置を講ずる。

(1) の部分ほぼ前年度と同じであるため中略

中略)

(2)　森林整備や木材利用を推進することは、地球温暖化防止のみならず、国土の保全や地方創生、快適な生活環境の創出などにつながり、その効果は広く国民一人一人が恩恵を受けるものである。しかしながら、森林現場には、森林所有者の特定困難や境界の不明、担い手の不足といった、林業・山村の疲弊により長年にわたり積み重ねられてきた根本的な課題がある。その対策に当たっては、森林現場に近く所有者に最も身近な存在である市町村の果たす役割が重要となる。

このため、市町村による林地台帳の整備を着実に進めるとともに、公益的機能の発揮が求められながらも、自然的・社会的条件が不利であることにより所有者等による自発的な間伐等が見込めない森林の整備等に関する市町村の役割を明確にしつつ、地方公共団体の意見も踏まえながら、必要な森林関連法令の見直しを行うこととし、以下のような施策の具体化を進める。

①　市町村から所有者に対する間伐への取組要請などの働きかけの強化

---

②　所有者の権利行使の制限等の一定の要件の下で、所有者負担を軽減した形で市町村自らが間伐等を実施

③　要間伐森林制度を拡充し、所有者が不明の場合等においても市町村が間伐を代行

④　寄附の受入れによる公的な管理の強化

⑤　地域における民間の林業技術者の活用等による市町村の体制支援
このような施策を講じることにより市町村が主体となって実施する森林整備等に必要な財源に充てるため、個人住民税均等割の枠組みの活用を含め都市・地方を通じて国民に等しく負担を求めることを基本とする森林環境税（仮称）の創設に向けて、地方公共団体の意見も踏まえながら、具体的な仕組み等について総合的に検討し、平成30年度税制改正において結論を得る。

（14～15ページ　基本的考え方）

　平成28年度大綱と基本的な内容は変わらないが、森林環境税を国税の均等割課税で行うことと、その結論を翌年度の税制改正で決定することが明記された。ここで注意したいのは大綱で均等割の課税方式が初めて示された点である。すでに述べたように前年度の大綱の文言が布石となっている。後述する国税・森林環境税および森林環境譲与税の理論的検討を行った総務省「検討会」の第1回が2017年4月21日と大綱から約4ヶ月後であり、議事録内でも均等割を前提とする議論であったことを踏まえると、かなり以前から政府内で均等割の方針が決定されていたことになる。

◆平成30年度大綱（基本的考え方・具体的内容）

4　森林吸収源対策に係る地方財源の確保
　森林を整備することは、地球温暖化防止のみならず、国土の保全や

水源の涵養、地方創生や快適な生活環境の創出などにつながり、その効果は広く国民一人一人が恩恵を受けるものである。しかしながら、森林整備を進めるに当たっては、所有者の経営意欲の低下や所有者不明の森林の増加、境界未確定の森林の存在や担い手の不足等が大きな課題となっている。パリ協定の枠組みの下でわが国の温室効果ガス排出削減目標を達成し、大規模な土砂崩れや洪水・浸水といった都市部の住民にも被害が及び得る災害から国民を守るためには、こうした課題に的確に対応し、森林資源の適切な管理を推進することが必要である。

このため、自然的条件が悪く、採算ベースに乗らない森林について、市町村自らが管理を行う新たな制度を創設することとされており、森林関連法令の見直しを行い、平成 31 年 4 月から施行することが予定されている。その見直しを踏まえ、平成 31 年度税制改正において、市町村が実施する森林整備等に必要な財源に充てるため、以下を内容とする森林環境税（仮称）及び森林環境譲与税（仮称）を創設する。

森林環境税（仮称）は国税とし、都市・地方を通じて、国民一人一人が等しく負担を分かち合って、国民皆で、温室効果ガス吸収源等としての重要な役割を担う森林を支える仕組みとして、個人住民税均等割の枠組みを活用し、市町村が個人住民税均等割と併せて賦課徴収を行う。

森林環境税（仮称）は、地方の固有財源として、その全額を、国の一般会計を経ずに、交付税及び譲与税配付金特別会計に払い込んだ上で、市町村及び都道府県に対して、森林環境譲与税（仮称）として譲与する。森林環境譲与税（仮称）については、法令上使途を定め、市町村が行う間伐や人材育成・担い手の確保、木材利用の促進や普及啓発等の森林整備及びその促進に関する費用並びに都道府県が行う市町村による森林整備に対する支援等に関する費用に充てなければならないものとする。

森林環境税（仮称）については、消費税率 10％への引上げが平成 31年 10 月に予定されていることや、東日本大震災を教訓として各地方

公共団体が行う防災施策に係る財源確保のための個人住民税均等割の税率の引上げが平成 35 年度まで行われていること等を考慮し、平成 36 年度から課税する。税率は、新たな森林管理制度の施行後において追加的に必要となる需要量や国民の負担感等を勘案し、年額 1,000 円とする。

　一方で、森林現場における諸課題にはできる限り早期に対応する必要があり、新たな森林管理制度の施行とあわせ、森林環境譲与税（仮称）の譲与は、平成 31 年度から行う。平成 35 年度までの間における譲与財源は、後年度における森林環境税（仮称）の税収を先行して充てるという考え方の下、暫定的に交付税及び譲与税配付金特別会計における借入れにより対応する。市町村の体制整備の進捗に伴い、徐々に増加するように譲与額を設定しつつ、借入金は、後年度の森林環境税（仮称）の税収の一部をもって確実に償還する。（12 〜 14 ページ）

＊　別箇所に当該税制の具体的な仕組みが記述されている。

　現行の国税・森林環境税および森林環境譲与税の最終案であり、別途具体的な制度の内容が記載されている。その中で譲与税の配分基準については私有林人工林面積、林業就業者数、人口の 3 つが示されている。

　各年度の大綱の記述の比較から、地球温暖化対策の新税の目的は平成 28 年度大綱以降、従来の環境から林業の成長産業化路線を踏まえた表現へと大きく変化したことが明らかとなった。国税・森林環境税の目的は、与党税調で議論が本格化するなかで環境保全を超えて産業としての林業に軸足が置かれていったとみることができる。

　平成 30 年度大綱において完成した新税の姿を連盟・議員連盟の森林環境税の主張と重ねてみると、新税の創設および譲与税方式の導入という点では実現したものの、CO_2 排出源への課税や森林の公益的機能の保全という課税目的の要求からすれば不完全な形になったといえるだろう。

4　国の動き ② ― 総務省地財審「検討会」報告書

　続いて政策形成に寄与したその他のアクターについてみていこう。

　大綱や経済財政諮問会議の方針などを踏まえながら、国税・森林環境税の理論構築や制度の仕組みを議論したのが総務省の「森林吸収源対策税制に関する検討会」である。議論の内容や報告書における国税・森林環境税および森林環境譲与税の考え方をみてみよう。

（1）検討会の概要

　2017年4月、総務省地方財政審議会（以下「地財審」と呼ぶ）に「森林吸収源対策税制に関する検討会」が設置され、「税制抜本改革法」「骨太の方針」「与党税制改正大綱等」を踏まえた国税・森林環境税の具体的な制度設計が議論された。メンバーは地財審委員5名（会長　堀場勇夫）、特別委員として学識者7名（座長　関西学院大学　小西砂千夫）、地方三団体の各代表の計15名で構成された。

　2017年4月21日に第1回の会合が開かれ、その後、林野庁のヒアリングや論点整理などを経て、同年11月10日第7回で報告書がとりまとめられた。資料2は「検討会」の開催状況である。政府側の担当者として税制関係は総務省自治税務局環境税制企画室、森林管理関係は林野庁の担当者が毎回出席していた。

　第1回の会議では事務局から検討会の論点として ①税の目的・性格・基本的な枠組み ②税収の使途 ③税収の配分に関する考え方（配分先、配分の基準等）④都道府県等における超過課税との関係が示され、これらを軸に審議が進め

られた。

資料 2　森林吸収源対策税制に関する検討会開催実績の概要

第 1 回：平成 29 年 4 月 21 日（金）
　（1）森林吸収源対策税制について（検討経緯等）
　（2）自由討議

第 2 回：平成 29 年 5 月 9 日（火）
　林野庁からのヒアリング

第 3 回：平成 29 年 6 月 22 日（木）
　（1）論点の整理
　（2）自由討議

第 4 回：平成 29 年 7 月 6 日（木）
　（1）論点の整理
　（2）自由討議

第 5 回：平成 29 年 8 月 8 日（火）
　（1）平成２９年７月九州北部豪雨について
　（2）論点の整理
　（3）自由討議

第 6 回：平成 29 年 10 月 26 日（木）
　（1）論点の整理
　（2）自由討議

第 7 回：平成 29 年 11 月 10 日（金）
　（1）森林吸収源対策税制に関する検討会報告書（案）について
　（2）自由討議

（資料）地財審報告書より抜粋

　第 1 回～ 3 回の議事録をみると、すでに均等割による課税と譲与税による配分という仕組みは議論の前提とされていた。また、新税と森林経営管理法（検討会の時点では「森林関連法の見直し」と説明）はセットであることも確認され、林野庁の森林管理の新しい制度については、私有林所有者から市町村への経営信託方式という、のちの森林経営管理法の核となる構想が示されてお

り、新制度の枠組みを前提とする審議であった。

（2）報告書の概要

　資料3は報告書の概要である。3ページ目の図のようにおおむね現行の森林環境税の姿と一致しており、検討会において制度の骨格に理論的な肉付けを行うかたちとなった。報告書の概要について表題別にみていこう。

資料3

森林吸収源対策税制に関する検討会　報告書　（概要）

平成29年11月21日

　税制抜本改革法、経済財政運営と改革の基本方針、与党税制改正大綱等を踏まえ、森林環境税（仮称）の創設に向けて、具体的な仕組み等について総合的な検討を行った結果、その概要は以下のとおり。

森林を取り巻く状況と森林環境税（仮称）の必要性

● **森林は、地球温暖化防止や災害防止等多面的な機能を有し、国民一人一人に恩恵。**

● しかし、木材価格の低迷、所有者不明の森林の増加等により、森林所有者による自発的な施業を促すことを中心とする**既存の施策では、適正な森林管理に限界。**

● 政府は、森林現場や所有者に近い市町村の役割を強化する**新たな森林管理システムの構築に向けて検討中。**

● 新たな森林管理システムを契機として、森林の有する公益的機能が十分に発揮されるよう、**市町村が実施する森林整備等に必要な財源に充てるため、国民一人一人が負担を分かち合って、国民皆で森林を支える仕組みとして、森林環境税（仮称）を創設することが必要。**

具体的な制度設計に関する提案

基本的な枠組み

○ **国税として、森林環境税（仮称）を創設。**

○ 個人住民税均等割の枠組みを活用し、市町村が賦課徴収。

○ 地方の固有財源として、その全額を国の譲与税特別会計に直入し、森林整備等を行う地方団体に対して、森林環境**譲与税（仮称）として譲与。**

（資料）「令和2年度地方財政対策の概要」総務省自治財政局（令和元年12月20日）

項　目		制度設計の方向性
森林環境税（仮称）	課　税　主　体	国
	納税義務者等	個人住民税均等割の納税義務者を基本とし、定額の負担を求める。
	賦　課　徴　収	市町村が、個人の市町村民税の例により、個人の市町村民税と併せて行う。
	特別会計への払込み	市町村が都道府県に払い込んだ上で、都道府県が国の譲与税特別会計に払い込む。

森林環境譲与税（仮称）	譲　与　総　額	森林環境税（仮称）の収入額の全額に相当する額
	使　　途	市町村が行う森林整備に関する施策及びそれを担う人材の育成・確保に関する費用等 ※木材利用の拡大や森林環境教育、普及啓発といった都市部にも存在する需要を対象にすべきとの意見もあり。
	譲　与　基　準	使途の対象となる費用と相関の高い客観的な指標を用いて設定。使途の範囲に応じて、私有林人工林面積や林業就業者数等が考えられる。必要に応じて補正。
	譲　与　団　体	森林が所在する市町村が基本。ただし、都道府県による市町村への支援等が不可欠であることから、都道府県に対して、譲与税を含めた財政措置の検討が必要。　※全額を市町村に譲与すべきとの意見もあり。
	使途の公表	譲与を受ける地方団体に対して、インターネットの利用等の方法により使途を公表することを義務づけ。

● 新税創設のためには、**国民（納税者）の理解**が得られることが不可欠。東日本大震災を教訓として各地方団体が実施する防災施策に係る財源確保のための税制上の措置や府県等の超過課税も勘案した上で、**国民の負担感に配慮する**必要。

● **府県の超過課税との関係**については、**国として**、各府県の超過課税の見直し時期等を踏まえつつ、**両者の関係の整理が円滑に進むよう、必要な対応を行うよう努めるべき。**

● 得られた税収によって確実に必要な森林整備等が行われるように、**市町村における事業実施体制の確保**も必須。

● **使途の範囲**及び**都道府県への譲与**については、関係者の意見にも留意しつつ、**一層の整理が必要。**

● 森林環境税（仮称）を国税として設計する以上、**非課税限度額の設定や減免のあり方**について、**全国で統一的な取扱いをすることが基本。**これに基づきつつも、**市町村の課税実務が円滑に進むよう、慎重な制度設計**が必要。

（参考）　森林環境税（仮称）の制度設計に関する提案のイメージ

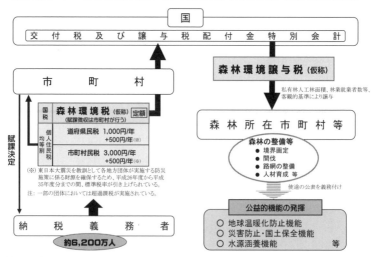

森林整備等のために必要な費用を、国民一人一人が広く等しく負担を分任して森林を支える仕組み

◆森林を取り巻く状況と森林環境税（仮称）の必要性

「新たな森林管理システムを契機として、森林の有する公益的機能が十分に発揮されるよう、市町村が実施する森林整備等に必要な財源に充てるため、国民一人一人が負担を分かち合って、国民皆で森林を支える仕組みとして、森林環境税（仮称）を創設することが必要」と書かれている。同文は、当時、林野庁で検討中の森林管理システムの導入を踏まえつつ、地球温暖化防止や災害防止等の環境的側面の機能に重点を置き、その恩恵が全国民に及ぶゆえに新税を創設することを意図している。平成28年度大綱では、新税の創設の理由として産業としての林業の活性化を視野にいれていたが、検討会ではあくまで環境保全に軸を置いており、両者の考え方には基本的な違いがみられる。

国民一人一人という表現が国税の均等割の理由とみられるが、議事録をみるかぎり、検討会のなかでは租税原則の面からこれを批判する意見はなかった。

◆基本的な枠組み

「個人住民税均等割の枠組みを活用し、市町村が賦課徴収」については、一部の委員から都市部住民の負担に対する理由付けが求められていたが、文中に書かれているように森林のもつ地球温暖化防止や災害防止等の環境的側面の恩恵が全国民に及ぶという考え方が均等割の根拠とみられる。なお、課税方式ついては資料の2ページ目に書かれているように「全国で統一的な取り扱いをすることが基本」という見解を示しており、本章第1節で述べたように条例による自治体間の減免措置の差を容認しておらず、実際に導入された制度とは異なる提案をしていた。

◆具体的な制度案

おおむね現行制度の内容に近いが、ここでは3つの注目すべき点がある。

第一に、使途については森林整備に関する施策とそれを担う人材の育成・確保に関する費用等とされており、大綱に書かれているような木材利用の促進などの都市部の需要については、注記にとどめている。

　第二に譲与基準については私有林人工林と林業就業者数等と２つの基準が示されており、大綱で明記された人口割は参考意見にとどめており、制度の考え方において決定的な相違がみられる。この点は与党税調が森林資源の需要拡大を含めた財源配分を想定したのに対し、検討会では森林の公益的機能の確保に重点をおいた違いが表れている。ただし、検討会でも使途の範囲については検討の余地を残しており、与党税調の方針を踏まえた記述もみられる。

　第三に譲与団体については現行制度の通り市町村と都道府県の両者への配分が必要であると記載されているが、この点について総務省としては、もっぱら市町村への譲与を考えていたが（2017年7月6日　環境税制企画室からの意見）、審議のなかで知事会などの意見を踏まえて都道府県への配分を後から追加したとみられる。

　◆新税の創設に当たっての課題等

　報告書の最終章にあたる「課題」では、各委員の主な意見が紹介されている。このうち注目されるのが都市部の住民等への使途の拡大、東日本大震災の復興増税の一つである均等割1,000円の負担を踏まえた制度設計の必要性、府県等の超過課税（いわゆる府県の森林環境税等）との調整の必要性である。このうち前者2つは議事録では一部あるいは特定の委員の発言であり、復興増税の均等割については第3回で発言されただけである。いずれも議事録における発言者は不明であるが、少数意見が実際の制度に反映されたことになる。

　検討会は与党税制大綱などで示された均等割課税を前提に、それらの理論的肉付けと具体的制度を議論する役割を担った。新税の配分方法として譲与税方式を提案したのは同検討会独自のものであるが、これも事務局担当の総

務省環境税制企画室から提案されたものであり、全体として事務局で出来上がった制度的枠組みのなかで議論するにとどまり、課税や配分方式自体のあり方を問う余地は当初から用意されていなかった。ただし、現行制度の内容がすべて検討会の描いた通りのものであったかといえば、譲与税の配分基準として人口を提案していない点 [9] は与党税制大綱との重要な相違である。これは、新税創設の目的をあくまで森林の公益的機能確保のための森林整備としたことから導かれた帰結であることを裏付けている。

　こうした検討会の議論を踏まえると、平成 30 年度大綱における譲与税の人口割の提言は、明らかに唐突さが目立ち税財政の論理を超えた政治決定であった可能性をうかがわせるものである。

---

(9) 検討事項には記載されていた

5　国の動き ③ ―経済財政諮問会議・未来投資会議

　次に当時の内閣府や官邸が新税の導入をどのように考えていたのかについて経済財政諮問会議・未来投資会議の資料を参考にみていこう。

(1) 経済財政諮問会議 ―「経済財政運営と改革の基本方針」

◆基本方針

　政府の毎年度の経済財政運営方針は、経済財政諮問会議で策定する「経済財政運営と改革の基本方針」（以下「基本方針」と呼ぶ）で確認することができる。平成 28 年度税制大綱に先立つ基本方針 2016 では、いわゆる新三本の矢に基づき成長戦略を加速化させることが述べられ、その一環として新たに「攻めの農林水産業」の展開が掲げられている。一方、国税・森林環境税についても地球温暖化対策税を使った木質バイオマスや木材利用を普及させつつ、市町村の森林・林業施策の推進のために「森林環境税等の新たな仕組み」を検討すると明記されており、林業の成長産業化とセットで新税の導入方針が打ち出されている。

　当時、安倍政権の政策の目玉である「三本の矢」（大胆な金融政策、機動的な財政政策、投資を喚起する成長戦略）が十分な成果を上げられない [10] なかで、2015 年 9 月の自民党総裁選挙の勝利を経て、10 月の内閣改造とともに一億総活躍を目指すための「新三本の矢」（ＧＤＰ 600 兆円、希望出生率 1.8、介護離職ゼロ）を打ち出した。2016 年に入ると日本再生本部に未来投資会議を設置

---

(10)　株価や企業業績は回復したものの、企業の設備投資や個人消費などが伸びていなかった

し、同諮問会議や規制改革会議と連携し、成長戦略をあらゆる産業分野に広
げる体制を整えた。国税・森林環境税の創設の方針や林業の成長産業化が掲
げられた時期と成長戦略を加速化させる時期とは重なる。

　翌年の基本方針 2017 では、4 章の 2 節（攻めの農林水産業の展開）で森林経
営管理法、森林環境税、林業の成長産業化が一体であることを述べているが、
一方の 4 節（地球環境への貢献）では「地方の地球温暖化対策に関する財源確保」
として森林環境税の創設を検討すると書かれており、林業の活性化と森林保
全のいずれに軸足を置いているのかあいまいな点でみられる。本文は以下の
通りである。

【基本方針 2017】

4.　地方創生、中堅・中小企業・小規模事業者支援

(2)　攻めの農林水産業の展開

　　攻めの農林水産業を展開し、成長産業にするとともに、美しく伝統
　ある農山漁村を次世代に継承していく。農業者の所得向上を図るため、
　農業者が自由に経営展開できる環境の整備と農業者の努力では解決で
　きない構造的な問題を解決していく。

　　　（中略）

　　森林の管理経営を意欲のある持続的な林業経営者に集積・集約化す
　るとともに、それができない森林の管理を市町村等が行う新たな仕組
　みを検討する。この検討は、平成 29 年度与党税制改正大綱において、
　市町村主体の森林整備等の財源に充てることとされた森林環境税（仮
　称）の検討と併せて行う。ＣＬＴ等の新たな木材需要の創出、国産材
　の安定供給体制の構築、人材の育成確保等を推進する。（20 〜 21 ページ）

　　　（中略）

(5)　地球環境への貢献

（中略）

　また、森林吸収源対策及び地方の地球温暖化対策に関する財源の確保について、エネルギー起源ＣＯ$_2$排出抑制のための木質バイオマスのエネルギー利用や木材のマテリアル利用の普及に向けて地球温暖化対策税のモデル事業や技術開発、調査への活用の充実を引き続き図るとともに、<u>公益的機能の発揮が求められながらも、自然的・社会的条件が不利であることにより所有者等による自発的な間伐等が見込めない森林の整備等に関する市町村の役割を明確化しつつ</u>、地方公共団体の意見も踏まえながら、必要な森林関連法令の見直しを行う。<u>これにより市町村が主体となって実施する森林整備等に必要な財源に充てるため、個人住民税均等割の枠組みの活用を含め都市・地方を通じて国民に等しく負担を求めることを基本とする森林環境税（仮称）の創設に向けて、地方公共団体の意見も踏まえながら、具体的な仕組み等について総合的に検討し、平成 30 年度税制改正において結論を得る。</u>

（27 〜 28 ページ）

(2) 未来投資会議

◆未来投資戦略 2017

　未来投資会議は官邸の日本経済再生本部の会議の一つで、産業競争力会議に代わり、安倍政権の成長戦略の強力な司令塔として 2016 年 9 月 9 日に設置された。近年、経済財政諮問会議と両輪で安倍内閣の政策立案を主導し、合同会議も行われていた[11]。組織体制は内閣総理大臣を議長に副議長は経済再生担当大臣兼内閣府特命担当大臣（経済財政政策）、内閣官房長官、経済産業大

---

(11) 2017 年 6 月 9 日、2018 年 6 月 15 日、同年 11 月 26 日（その他、まち・ひと・しごと創生会議、規制改革推進会議との 4 会議合同）

臣。メンバーは内閣総理大臣が指名する国務大臣や識者などから構成される。

　未来投資会議の下には2017年9月より「構造改革徹底推進会合」（座長　経済再生担当大臣兼内閣府特命担当大臣）が設置され、個別課題に関する改革の議論を行っている。このうち「地域経済・インフラ」会合（会長　三村明夫　日本商工会議所会頭）に農林水産業部門があり、規制改革推進会議との合同会議が頻繁に行われてきた。

　林業関係の施策は2017年度以降、未来投資会議の「未来投資戦略」に盛り込まれた。たとえば未来投資戦略2017（2017年6月9日とりまとめ）では、林業の成長産業化の具体的内容や集積・集約化が進まない森林を市町村が管理する新たな仕組みとその財源として森林環境税を検討することが書かれている。また、林業の成長産業化の方向として木材のジャストインタイム[12]、ＣＬＴ[13]等の量産化による低コスト化およびその中高層建築物への利用を通じた木材需要の拡大。さらには木質バイオマスのようなエネルギー産業化などがあげられている。以下は「戦略2017」の内容である。

【未来投資戦略2017】

> 2.　攻めの農林水産業の展開
> 　ⅳ）林業の成長産業化と森林の適切な管理
> 　　・林業所得の向上のための林業の成長産業化の実現と森林資源の適切な管理のため、<u>森林の管理経営を、意欲ある持続的な林業経営者に集積・集約化するとともに、それができない森林の管理を市町村等が行う新たな仕組み</u>を検討し、年内に取りまとめる。この検討は、平成29年度与党税制改正大綱において、市町村主体の

---

(12) 木材需要者の要望に応じて樹木を切り出し短期に供給するシステム
(13) 板を直行に積み重ね接着したパネル。コンクリート並の強度がありながら、軽量性、断熱性などに優れ、中高層建築等の木造化に適している

森林整備等の財源に充てることとされた森林環境税（仮称）の検討と併せて行う。

・施業集約化に資するため、林地台帳の整備とともに、地理空間情報（G空間情報）とクラウド等のICTやリモートセンシング技術を活用した資源状況や境界の把握等を進める。

・ICTを活用し、素材生産業者、加工業者、需要者等が需給情報を共有するなど、木材のジャストインタイムでの供給に向けた取組を進める。

・木材需要の拡大のため、CLT（直交集成板）等について、量産化によるコスト削減や中高層建築物等への利用の推進とともに、「地域内エコシステム」としての木質バイオマスの熱利用等を進める。また、セルロースナノファイバーやリグニン等について、国際標準化や製品化等に向けた研究開発を進める。

　基本方針と投資戦略の２つの方針から、林業分野における成長産業化が政府の重要施策として位置づけられ、与党税調に対して、この成長戦略を推進する財源として森林環境税を検討するように求めていたことがわかる。これらの内閣府等の方針は、新三本の矢の成長戦略に林業の成長産業化と森林環境税の導入を併記することで、国税・森林環境税を成長戦略に取り込む税制改正の舵取りを行う役割を果たしたとみることができる。

6　林野庁の議論—森林経営管理法の狙い

　新税との両輪をなす森林経営管理法は、林野庁関係提出法案として内閣に提出されたものであり、林野庁が中心となって制度設計が行われたとみられる。どのような狙いをもって法案が策定されたのか直接知ることはできないが、林野庁の国会答弁や審議会などの言説から検証してみよう。

(1) 国会答弁 ― 林業の成長産業化

　まず、農水大臣齋藤隆は法案提出の目的を次のように述べている。「……この森林資源を切って、使って、植えるという形で循環利用していくことで、林業の成長産業化と森林資源の適切な管理を両立し……」（第 196 国会衆議院農林水産委員会 2018 年 4 月 5 日）と述べており、森林管理とともに林業の活性化が制度の目的となっている。また、「林業の成長産業化」について齋藤は「林業の生産性の向上あるいは木材の需要拡大などを通じまして、森林所有者や林業者の所得向上を図って林業の継続的発展を実現していく」（参議院農林水産委員会 5 月 22 日）と説明している。

　この林業の成長産業化と国税・森林環境税および森林環境譲与税の関係を表しているのが、森林環境譲与税の人口割に関する齋藤の答弁である。「どんなに生産しても川下の理解が得られなければこれ行き詰まるわけでありますので、いかに木材の需要の拡大を図っていくか、その面で川下が大事だというふうに考えております。木材の需要拡大については、公共建築物を始めまだまだ木材が余り使われていなかった分野がありますので、例えば中高層ですとか中大規模ですとか非住宅などの新たな分野、これまだありますので、

ここの建築物の木造化、内装木質化というものをまずは進めていきたいと思いますし、それから、木質バイオマスを地域内で持続的に利用する地域内エコシステムを構築をしていくことですとか、それから付加価値の高い木材製品の輸出拡大、丸太でもというお話ありましたけど、丸太でも拡大をしていきたいと思います……」（同委員会）

　このように人口割による都市部への配分は、川下すなわち木材の需要側の活性化を図るためと述べており、林野庁は都市部における公共事業やエネルギー産業などを通じた木材需要の活性化に重点を置く林業政策を目指していることがわかる。

(2) 林政審議会の議論 ―バリューチェーン

　林政審議会は、2001年の林業基本法抜本改正による森林・林業基本法に基づき設置された農水大臣の諮問機関である。同機関は林政に関わる審議を通じて答申を示す林政の重要な役割を果たしている。

　2017年10月16日の審議会では、事務局から「新たな森林管理システム」として、のちに森林経営管理法に結びつく制度の骨格が初めて示された。その議事録から森林経営管理法の狙いをみてみよう。なお、文中の下線は筆者による加筆である。

　林野庁企画課長は新たな制度の考え方について次のように述べている。

　「自然条件から見て経済ベースの森林管理を行うことが困難な森林が当然ございます。これは再委託ができない森林と我々は位置づけているわけでございますが、そういう森林や、再委託に至るまでの間の森林につきましては、市町村に管理をお願いできないか。その上で、管理ができる場合には、森林・林業経営者のほうに当然繋いでいくというようなこともあるわけですけれども……」（同審議会議事録4ページ）

　「林業の成長産業化に向けて、今お話ししたのは森林所有者と素材生産業者

94

の間の話でございますが、ここだけ解決すればいいというわけではありません。<u>素材生産業者と製材業者、製材業者と木材需要者のバリューチェーンを一体的によいものにしていくということが林業の成長産業化に繋がっていくわけでございます</u>」（同5ページ）。

　「製材工場における素材生産の消費量をみると、大規模工場の割合が年々増加していて、大規模工場に集中する傾向がみられるところでございます。<u>大規模工場も、まだ受け入れ能力があるというふうに承知しておりますので、こういう製材工場への流れをよくしていく</u>ということがとても大切かと思っております」（同6ページ）

　このバリューチェーンというのは林業における森林の取得、素材生産、製材・加工、販売などの川上から川下への供給過程を連携（チェーン）させ、総合的に管理する仕組みである。一般的な林業では生産過程で各事業者が個別に取引を行うため、必ずしも木材需要に応じた最適な生産体制が構築されるとは限らず、この方式で総合的に管理することにより、各生産段階での利益還元も含めて安定供給を実現することが期待されている。

　林野庁の戦略には製材工場の大規模化の傾向を背景に、バリューチェーンという新たな林業の生産システムを推進し、これに対応する素材生産能力を

図表4　製材工場の出力規模別の素材消費量の推移

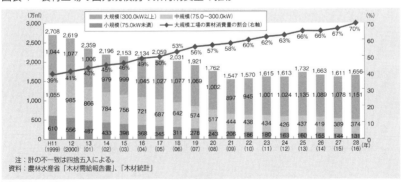

注：計の不一致は四捨五入による。
資料：農林水産省「木材需給報告書」、「木材統計」

（資料）　農林水産省「平成29年度森林及び林業の動向」p.148

生み出すために森林経営管理法による市町村主導の森林の集積・集約化を組み込んでいく狙いがあるとみられる。

　図表4は製材工場の出力規模別の素材消費量の推移である。消費量全体は2009年度を境に微増傾向にあり、2016年度は1,656万m^{3}である。増加傾向を示している工場は出力300kw以上の大規模工場であり、消費量全体に占める割合は年々増加しており、2016年度現在で70%に上る。こうした大規模工場の数は2017年度現在で424と工場数全体のわずか8.8%であり、すでに国内における大規模工場への生産の集中化が進展していることがわかる。

(3) 林野庁「森林・林業再生プラン」との関わり

　実は、こうした林野庁による新たな林業活性化の施策はすでに2000年代から展開されているもので、「新流通・加工システム」(2004～2006年度)「新生産システム」(2006～2010年度)を皮切りに、民主党政権の2011年度「森林・林業再生プラン」の策定を経て、継続的に取り組んできたものである。

　同再生プランは民主党政権による「新成長戦略」の一環として位置づけられ、木材の加工・流通体制の一体化、さらにエネルギー産業との連携などのバリューチェーン化を進めるものである。その基本的考え方は10年後の木材自給率50%をめざし ①森林の有する多面的機能の持続的発揮 ②林業・木材産業の地域資源創造型産業への再生 B木材利用・エネルギー利用拡大による森林・林業の低炭素社会への貢献であり[14]、林野庁にとって今回の森林管理の新システムは林野庁の政策をより積極的に展開する機会となっていた。

　林野庁はかねてから林業活性化のための新たな形を求め、その具体的な方向がバリューチェーン化の推進であり、そのための森林管理経営の集積・集約化が課題であった。こうしたなかで安倍政権による成長戦略の一つに位置

---

(14) 遠藤日雄 (2012) pp.71-75 参照

づけられ、森林経営管理法の成立にいたった。ただし、森林管理新システム
の両輪の一方となる国税・森林環境税の導入なくして、林野庁の構想は成り
立たなかった。なぜなら、この新税がなければ、採算ベースに乗らない私有
林を市町村が管理する財源がなく、森林の集積・集約自体が進まないからで
ある。したがって、与党税制大綱による国税・森林環境税導入の提言が林野
庁の林業活性化構想を実現する重要な役割を果たしたといえるだろう。

7 成長戦略からみた森林経営管理法と 森林環境税・譲与税の構図

　与党税調、経済財政諮問会議、林野庁などの議論の経過を踏まえると、与党税調が平成30年度大綱で森林環境譲与税の人口割基準を盛り込むにいたる背景には、当時の安倍政権が進めた林業の成長産業化路線が大きく影響しているものと推察される。これを具体的に描いたのが、林野庁のバリューチェーン化を軸とする林業活性化であり、その一環として森林経営管理法にもとづく森林管理の仕組みが導入されたと考えられる。

　こうした成長戦略からみた森林経営管理法と国税・森林環境税および森林環境譲与税の関係を描いてみると図表5のような姿となる。

　まず、市町村による私有林人工林の管理を中心とする川上からみてみよう。

　林野庁によると現在の私有林人工林の総面積は670万haで、その3分の1の約220万haは、すでに採算ベースに乗る人工林とみなしている。森林経営管理法は、残りの3分の1を集積・集約化により「意欲と能力のある林業経営者」に再委託して素材供給力を倍増させ、採算ベースに乗らない残りの3分の1を市町村の管理に委ねる狙いがある。新税は市町村による私有林の集約・集積化の事務経費や採算ベースに乗らない私有林の管理（間伐、担い手確保、路網整備等）の財源となる。

　一方、木材需要をもたらす川下では、新税は都市部の公共事業や民間事業による木材利用の促進を図る財源となり、林業の大規模化やバリューチェーン化により事業拡大を後押しする。譲与税の人口割の狙いはここにあると考えられる。

図表 5　成長戦略からみた森林環境税・譲与税と森林経営管理法の構図

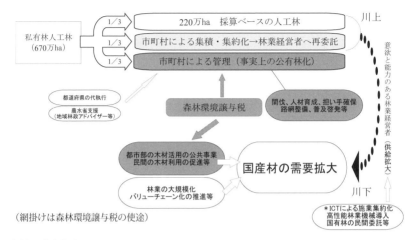

（網掛けは森林環境譲与税の使途）

（資料）　筆者作成

　　　　第 3 章の吉弘の推計によれば、林業費が計上されていない複数の政令市が譲与税配分額の上位を占める結果が報告されており、林野庁の川下重視の政策を裏付けている。
　　　　森林環境税・譲与税の課税の根拠が森林の公益的機能の保全であり、かつその税率が市町村による「条件不利な私有林」の管理経費に基づくものであるとするならば、明らかに川下への財源配分は本来の課税目的とは異なるものである。

8 まとめ

(1) 総括

　以上、国税・森林環境税および森林環境譲与税の創設をめぐる５つのアクターについて検証してきた。改めて整理してみると、連盟・議員連盟は、1990年代初頭の森林交付税構想を端緒として、森林の公益的機能を守るための税財政の充実を求め、農林族議員などに対するロビー活動を通じて新税創設を働きかけてきた。この間の具体的な税財源構想は国の税財政改革や環境関連税制との関わりのなかで変遷し、水源税や地球温暖化対策税の地方財源化を取り下げ、事実上「森林環境税」の具体化を与党税調にゆだねることになった。その結果、新税は実現したものの均等割は連盟・議員連盟の長年の主張とは異なるものであり、譲与税の人口割も森林立地自治体のための財源としては要求にかなったものとはいえない。

　最終的な税制内容を決定した与党税調は、連盟等の地方側の働きかけや京都議定書の議定書発効以降の地球温暖化対策などを背景に環境税への関心を次第に高めていき、第二次安倍政権で具体的な検討に着手した。そうしたなかで平成28年度大綱以降、政権の成長加速化路線に沿って林業の成長産業化と税制の検討が一体となる内容へと変化した。平成30年度大綱の譲与税人口割の明記は、もっぱら与党税調内部での決定とみられ、これにより森林管理制度の目的の中に林業の成長戦略が置かれるようになったとみなすことができる。

　与党税調の議論の基調をなしたのは経済財政諮問会議や未来投資会議など政府・官邸であったと考えられる。それは基本方針や投資戦略においてＧＤ

Ｐ 600 兆円の実現へ向けた成長加速化戦略を打ち出した時期と平成 28 年度大綱の記述の変化から推察される。

　総務省の「検討会」は、森林環境税の均等割や譲与税方式を前提とした制度導入の理論づけや仕組みの検討の場であった。そのなかで国税に応益負担や負担分任といった地方税原則を当てはめ、均等割課税を正当化した点が、検討会としての重要な役割であったと考えられる。ただし、報告書では譲与税配分の人口割は提言しておらず、大綱とは森林保全に関する考え方に違いがみられる。

　森林経営管理法の制度設計を行った林野庁は、安倍政権の林業の成長産業化と国税・森林環境税を具体的な政策として結びつける役割を果たした。ただし、成長産業化自体は林野庁の既定路線であり、林業生産の大規模化や各生産段階をさせるバリューチェーン化などの政策を展開していた。したがって、林野庁からすれば一連の新制度は従来からある政策を加速化させる機会となった。

　以上のように、森林管理の新システムは、いずれか 1 つのアクターが主体となって全体像を描いたのではなく、それぞれの異なる思惑が重なり合いながら、パッチワークのごとく構成されたということができる。例えるならば森林の管理をテーマとする混声合唱が今回の制度化の姿といえるだろう[15]。国税・森林環境税および森林環境譲与税をめぐるさまざまな問題点は、まさにこの混声合唱の結果であり、その象徴が均等割課税と人口割課税である。

　「租税理論から逸脱した」[16]均等割課税がなぜ採用されたのかは不明であるが、これまでの検証から少なくとも 2 つの背景が考えられる。第一に連盟・議員連盟の新税構想が退けられたことから、水や CO_2 排出源を課税標準とす

---

[15]　辻山幸宣は地方分権改革の議論が始まった当時の状況を、さまざまな提唱主体の大合唱だが旋律もテンポも異なり不協和音に満ちた「混声合唱」であると評している。まさに森林管理の新システムの創設へ至る議論も同様である。辻山幸宣（1994）p.1 参照
[16]　第 1 章（青木）

る道がなくなり、残された課税方法として地方の森林環境税を範とする均等割が選ばれた。第二に国民の負担感なしに新税を創設するために、個人住民税均等割の復興増税をそのまま引き継ぐことが好都合であったという仮説である。いずれにしても均等割課税の方針が先に決定された上で、「検討会」が国税の応益負担という理屈を後からつけたという審議の流れが見えてくる。

　また、既述の通り譲与税の人口割は、与党税調において都市部の木材需要と森林の公益的機能の確保を都合よく結びつけた印象を受ける。しかし、たとえこれを肯定したとしても、本章前半で指摘したように、森林環境税の税率根拠（条件不利な私有林の管理コスト等）と人口割による使途は明らかに矛盾する。

　森林環境税の原点は森林交付税構想にあり、提唱者である中山町長の構想への思いは、豊富な森林がありながら、生活の糧としての林業が衰退し人々が故郷を去って行く地域を「なんとかしたい」というものであった。現行の森林環境税は果たしてこの思い応えるものであるのか。混声合唱の新制度が森林の公益的機能や地域の林業をどのような方向に向かわせるのか、今後の制度の行方が見守られる[17]。

(2) 制度運営の課題

　以上を踏まえた上で、今後、制度が運営されていく上での課題を4つあげて本章を終えることとする。

◆林業の成長戦略は成功するのか

　林業の成長戦略はバリューチェーン化などを通じて川上から川下までを一

---

[17]　本章は5つのアクターに限定した検証であり、その他関係する経済界、財界などのより多くの団体、あるいは都市自治体の主張などについて分析に至らなかった。また、新制度については、戦後の林政史の流れのなかでこれを評価することが必要であるが、今回2000年以降について触れるにとどまった。いずれについても今後の研究課題としたい。

体化した新生産システム化を進め、事業規模の拡大や経営の安定化をはかり林業需給の好循環を生み出すことを目指している。しかし、たとえ需要拡大の条件が整ったとしても、供給側の森林の集積・集約は簡単に進まないであろう。市町村の体制づくりは緒に就いたばかりであり、これから森林所有者の意向調査をはじめ、集積計画を策定し管理権を設定するという流れになる。市町村のわずかな人員だけで、こうした手続きを進め、地元の私有林の集約を図るには多くの時間を要するのではないかと想像される。そうであるならば、林業のバリューチェーン化で描くように需要の拡大に供給側が即応することは容易ではない。

◆山元は潤うのか

たとえ需給の循環が形成されたとしてもそれが好循環になるとは限らない。

林野庁の沖長官は森林経営管理法について次のように述べている。「これによりまして、経営管理が適切に行われていない森林の経営管理を意欲と能力のある林業経営者に集積、集約化していくことで、林業経営者の事業規模拡大や経営安定化が図られ、国産材供給が円滑に進みますことから、山元の立木価格の確保にもつながるものと期待しております」（衆議院農林水産委員会2018年4月17日）

森林経営管理法の最終的な目的は森林の集約化を通じて、山元の所得を保障することで持続可能な森林管理を可能とし、森林環境を維持していくことである。しかし、大規模かつチェーン化すればするほど、需要サイドの価格支配力が強まり低価格が維持され、需要は伸びるが山元の所得が伸びないジレンマを抱える可能性がある。

また、林業の大規模化にともなう木材需要のロットが大きくなるとすれば、たとえ集約化を進めたとしても、市場に見合う供給力を確保できる山元は限られるのではないだろう。

このほか、国有林改正法により2020年4月から始まった国有林伐採の長

期委託の制度は、林業経営者の安定的な事業量を確保する一方で木材供給力の大幅な拡大により供給過剰に陥る可能性がある。そうなれば木材の低価格状況が固定化し、林業の成長産業化が目指す需給の好循環は実現不可能となる。

◆自治体は過剰の負担を負わないか

森林立地自治体についても財政負担が課題となる懸念がある。

先ほど紹介したように、林野庁では既存の私有林人工林のうち採算ベースに乗らない私有林人工林は３分の１と試算しており、この管理経費に応じた財源として国税・森林環境税の税率が設定されている。

しかし、集積・集約は中期的な時間を要し、たとえ将来的に採算ベースに乗る森林があったとしても、一定水準まで集約が進むまでの期間は自治体が管理することになる。また、集約の結果、想定を超えて採算ベースに乗らない森林を抱えることになれば、いずれも自治体が財政負担を負うことになる。新たな森林管理制度が森林自治体を中心とする普遍的な仕事だとすれば、本来、譲与税の額にかかわらず、各自治体が必要な経費を地方交付税で算定し財源保障するべきである。しかし、現在は地方全体で見ると譲与税相当額の経費しか保障されておらず、これを超えた分は自治体の持ち出しとなってしまう。

国が市町村による森林管理の推進を求めるならば、地方交付税による財源保障もさらに充実させる必要があるだろう。

◆森林の公益的機能は維持できるのか

新税の課税根拠である森林の環境保全の目的の一つは、森林吸収源対策である。

現在の林業の新システムは需給拡大を狙っており、その規模は間伐ではなく皆伐を前提とせざるをえなくなるであろう。森林吸収機能の向上はあくま

で間伐が前提であり、いうまでもなく皆伐はＣＯ$_2$吸収機能の後退させてしまうであろう。もちろん、森林経営管理法では林業経営者に再造林を義務づけているが、事業者による再造林や保育の期間は経営管理権管理計画において定めることになっており、林野庁のＱ＆Ａによれば（2018年2月「森林経営管理法案の概要について」）最低でも15年という見解が示されており、必ずしも確実な森林の再生が担保されているわけではなく、制度の基本目的の保障にも不安がある。

【参考文献】

青木宗明（2017）「『森林環境税』（森林吸収源対策税制）が直面する重大な問題」『月刊自治研10月号』59巻、pp.10-15。

秋山孝臣(2013)「日本の木材需給と森林・林業再生の課題」『農林金融』第66巻第6号、pp52-57

石田和之（2018）「森林環境税の租税論」『森林環境』pp.180-192。

遠藤日雄編著（2012）『改訂　現代森林政策学』Ｊ‐ＦＩＣ。

遠藤日雄（2018）『「複合林産型」で創る国産材ビジネスの新潮流』全国林業改良普及協会。

遠藤真弘（2015）「森林環境税 ― これまでの経緯と創設に向けた論点 ― 」『調査と情報』875号、pp.10-12

柿澤宏明（2018）『日本の森林管理政策の展開 ― その内実と限界 ― 』Ｊ‐ＦＩＣ、第69巻第4号、pp.2-9。

神山弘行（2018）「森林環境税（仮称）と租税法律主義に関する覚書」『地方税』第69巻第4号、pp.2-9。

重栖隆（1997）『木の国熊野からの発信』中公新書。

渋谷雅弘（2019）「森林環境税についての一考察」『地方税』第70巻第3号、pp.2-8。

喰代伸之（2017）「森林経営管理法案をめぐる論議 ― 林業の成長産業化と森林資源の適切な管理 ― 」『立法と調査』第402号、pp.18-29。

其田茂樹（2020）「森林環境譲与税をめぐる動向 - 自治体別譲与額と 2020 年度地方財政計画による制度変更」『自治総研』第 500 号、pp.48-78。

辻山幸宣（1994）『地方分権と自治体連合』敬文堂。

飛田博史編（2018）『第 33 回自治総研セミナーの記録　＜自治のゆくえ＞自治体森林政策の可能性』公人の友社。

森稔樹（2018）「国税としての『森林環境税』」『大東法学』第 28 巻第 1 号、pp.113-135。

諸富徹・沼尾波子編（2012）『水と森の財政学』日本経済評論社。

農水省（2012）『森林・林業白書平成 24 年版』。

森林交付税創設促進連盟（1995）「森林環境税」についての調査報告書』。

森林整備推進協議会編（1987）『水源税、森林・河川整備税創設運動の記録：この試練を糧として、緑豊かな森林づくりを』森林整備推進協議会。

第3章

国税・森林環境税の配分問題と 望ましい財源配分のあり方

吉弘　憲介

1　国税・森林環境譲与税の「配り方」の問題

　本章では、国税・森林環境税の「配り方」についての問題点を明らかにしていく。

　先行する章においても述べられているように、国税・森林環境税は森林環境譲与税として都道府県と市区町村に配分される。また、第1章でも解説されている通り、その使いみちには一定の制限が設けられており使途もインターネットなどを通じて公開されることとなっている。

　使いみちは、主に市区町村による「新たな森林管理政策」の財源に位置づけられている。荒廃山林は、山地の保水力の低下を招き、洪水発生時に土砂や林地残材の流失による被害拡大につながるとされる。「新たな森林管理政策」により、現場に最も近い市町村が山林を率先して管理していくことが期待されている。しかし、第201回国会参議院予算委員会第11号（2020年3月16日）において、舟山康江議員がこの森林環境譲与税の実際の配分について、次の

ような質問を行った。

　（森林環境税の；カッコ内は筆者）主たる目的は森林の整備及びその促進に
関する施策の財源に充てるためということになっております。まさに森林
整備を一義的な目的としているわけなんですけれども、御覧のとおり、森
林面積がゼロ若しくは極めて小さい市町村、ここには横浜市、これ譲与税
額一位、三位の大阪市、そして八位の名古屋市を例示させていただきまし
たけれども、それぞれ三つとも林業費の支出がゼロなんですね。そして、
森林面積はほとんどゼロに近い、こういったような状況になっております。
こういったところも多額の譲与税が配分されるのは、これ目的税ですから、
その趣旨からいっておかしいのではないのかなと思います。

これについて、高市早苗総務大臣（当時）が事業内容の説明を行った後、
安倍晋三首相（当時）は、次のように発言している。

　今のお話を伺っていて、私の地元も山陰でございますし、実は私自身も
六十町歩山林を相続をしている、まあほとんど価値が、実は価値が、価値
が全くないということなんですが、一本切り出してもマイナス五百円とい
う状況でありますが。
　そういう観点からすれば、どうしてこの大都市部に行っているんだろう
と、こう思ったわけでございますが…。

　国会において、制度開始翌年度から早くも、その配分方法について疑問が
呈されているのである。それも、野党側からの投げかけがあったとしても、
与党代表が一部その問題の構造を認めるような発言を行っていることは、国
税・森林環境税及び森林環境譲与税が十分に吟味されず施行されたことの証
拠ともいえる。

　一部報道では（朝日新聞2020年1月24日報道、毎日新聞2020年3月31日）、現場である市区町村からの疑問の声を紹介しており、林業費を計上していない都市部において、その使途に苦慮している姿が伝えられている。

　その結果、森林環境譲与税の財源を基金に積み立て、いわば「死蔵」してしまう都市部自治体も少なくないとされる。この点は、第5章における議論にその詳細をゆずる。

　本章の目的は、森林環境譲与税がなぜこのような疑問をもたれる配分となっているのか、その原因を解明することである。

　森林環境譲与税は、国税・森林環境税として国民から1000円の人頭税方式で集められた総額600億円の財源を、次の基準で都道府県と市区町村、合計1788自治体に配分する。

1）総額を最終的に1：9で都道府県：市区町村に配分する
2）譲与税の受け取り配分のうち50%を個別自治体の私有林人工林面積で決定する
3）譲与税の受け取り配分のうち30%を個別自治体の人口数で決定する
4）譲与税の受け取り配分のうち20%を林業就業者数で決定する
5）自治体の林野率に応じて私有林人工林面積に補正係数が乗じられる

　上記の2から4で示したように、個別の自治体の森林環境譲与税の受け取り額は、林業の直接的な対象である森林の面積（私有林人工林面積）と、林業の担い手である林業労働者（林業就業者数）で全体の7割が決定される。

　森林面積が広く、林業に関わっている人口が多いほど、自治体の受取額が増える設計であるため、林業政策の財源配分としては一見整合的に見える。それではなぜ、毎年の林業費がゼロであり、ほとんど森林面積をもたない横浜市が森林環境譲与税の受け取り額1位となるのであろうか。

　その理由は、森林環境譲与税の30%が自治体の人口数によって配分が決ま

るからである。仮に森林をほとんどもたず、財政上の林業に対する需要が限りなく小さい自治体でも人口が集中している都市部であれば、全国的にみて多額の税収が配分されることになる。それは先の国会でのやり取りにもあったように、林業需要のない都市部に譲与が偏り、本来林業費の必要な山間部に林業予算が回されないという問題を生じさせる。森林環境譲与税は、自治体による林業政策の推進という政策目的と、その配分方法の間に「矛盾」を抱えた制度であるといえる。

　本章では、この森林環境譲与税にまつわる「矛盾」を3つの数量分析で明らかにしていく。まず、森林環境譲与税の配分と市区町村林業政策の必要性との関係を見るために、それぞれの譲与基準と市区町村林業費（2014－16年度平均値）との関係を分析する。

　各市区町村の林業支援に対する必要性は、それぞれの市区町村の林業費によって表されるはずである。そのため林業費の規模が大きければ大きいほど、森林環境譲与税の配分額が大きくなることが期待される。両者の相関分析を通じて、森林環境譲与税の譲与基準が適切な配分基準となっているのかどうかを確認する[1]。

　この分析に続いて実際に林業に関連した活動を行っている市区町村に対して、森林環境譲与税がどの程度配分されているのかを明らかにしていく。

　具体的には、『2015年農林業センサス』の「市区町村別過去1年間に保有山林で林業作業を行った経営体の作業別経営体数と作業面積」と、森林環境譲与税の譲与率及び、譲与率に使用されている各種の譲与基準との関係を検討する。

　この分析を通じて、「日本の森林管理のため実際に汗をかいている地域」が

---

(1)　筆者が行った試算結果と実際の譲与額では、平均2％程度のずれがあったもののおおむね、その順位や額は一致していた。一方、実際の譲与額が示されたことから、逆算的に各市区町村の譲与率を求めることができるため、以降、本章では実際の数値を分析に用いることとする。また、譲与基準の個別の参照基準は明らかにされていないため、個別基準との分析においては試算で用いたデータを適宜使用する。

森林環境譲与税を受け取っているのかどうかを確認する。

　最後に、本書第6章とも関連するが、森林環境税が政策目的の一つとしている川下（実際の木材消費）での需要喚起について検討する。都市部への相対的に大きな配分は、木材消費を押し上げるためだとされるが、実際にそのようなことは可能なのだろうか。本章では、地域間産業連関表を用いて地域別の木材消費の空間的な特徴からこの点を考察している。

　最後に、林業作業の実態を踏まえた上で、森林環境譲与税をどのような譲与基準のもとで分配すべきか、本章のデータ分析に則して具体的に提示する。

　なお、本章では、市区町村（1741）の譲与基準を対象とし、都道府県の分析については、第4章に譲ることとする。

2 森林環境譲与税の譲与率は
林業政策に対応しているのか？

はじめに、森林環境譲与税の実際の譲与額の上位 20 の市区町村について、それぞれの譲与基準の数値を確認しておこう。まず、非常に目を引くのが、私有林人工林面積で 1159 位と低位に位置しながら（つまり、ほとんど森林を持たないにもかかわらず）人口数で 1 位であるために譲与額が最も多い横浜市の存在であろう。

横浜市は人口集積地の都市部であるため、森林面積も行政の林業政策ニーズも極めて小さい自治体である。実際、横浜市の 2014-16 年度の平均林業費はゼロにとどまっている。

図表 1 森林環境譲与税の令和元年 9 月譲与額上位 20 位市区町村と各譲与基準の順位

森林環境譲与税順位	都道府県	市区町村	令和元年 9 月交付譲与税額（千円）	私有林人工林面積 ha（補正後）	私有林人工林面積順位	2019 年度住民基本台帳人口数	人口数順位	林業就業者数 2015 年度国勢調査	林業就業者数順位	2014 - 16 年度林業費平均額（千円）	林業費平均順位
1 位	神奈川県	横浜市	71,044	517.2	1159	3,745,796	1	38	406	0	1521
2 位	静岡県	浜松市	60,671	56,361.2	4	804,780	16	407	1	1,084,170	6
3 位	大阪府	大阪市	54,803	0.0	1592	2,714,484	2	60	249	0	1521
4 位	和歌山県	田辺市	52,854	74,494.0	1	74,250	385	267	8	1,108,213	5
5 位	静岡県	静岡市	50,483	53,070.3	5	702,395	23	226	19	1,509,527	1
6 位	京都府	京都市	48,130	22,851.9	45	1,412,570	8	162	50	860,227	11
7 位	北海道	札幌市	46,899	2,652.6	664	1,955,457	4	344	3	7,216	1266
8 位	愛知県	名古屋市	44,643	156.1	1327	2,294,362	3	40	385	0	1521
9 位	岐阜県	郡上市	42,435	61,745.7	2	41,933	627	257	11	759,086	15
10 位	大分県	日田市	41,480	49,331.4	6	65,861	424	345	2	614,004	28
11 位	徳島県	那賀町	38,250	59,374.6	3	8,415	1288	127	81	1,155,043	4
12 位	広島県	広島市	37,563	17,017.0	87	1,196,138	10	196	26	835,312	13
13 位	岐阜県	高山市	35,930	47,983.6	7	88,482	321	257	11	426,901	53
14 位	愛媛県	久万高原町	35,267	47,910.5	8	8,340	1290	154	60	479,303	45
15 位	福岡県	福岡市	33,763	3,470.9	559	1,540,923	5	76	184	318,640	88
16 位	兵庫県	神戸市	31,201	1,118.4	960	1,538,025	6	52	299	304,459	94
17 位	秋田県	由利本荘市	30,902	36,538.1	14	77,307	368	316	5	230,068	159
18 位	福島県	いわき市	30,822	28,362.1	26	324,246	78	275	6	731,057	18
19 位	愛知県	豊田市	30,490	29,749.8	23	425,755	49	181	38	964,889	8
20 位	高知県	四万十町	30,391	29,222.9	25	17,205	1008	227	18	315,879	92

（資料）：総務省 e-Stat ホームページ統計表 ID（0000020201）（0003175084）（0003172924）及び林野庁ホームページ資料、総務省（2019）より筆者作成。

図表2　譲与率と市区町村林業費との相関

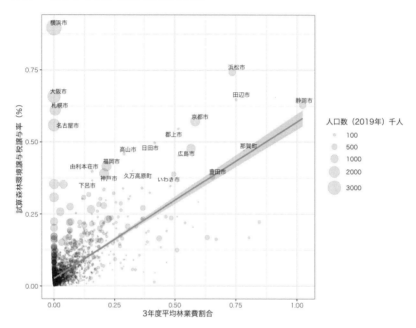

（資料）：総務省 e-Stat ホームページ統計表 ID（0000020201）（0003175084）（0003172924）
　　　　及び林野庁ホームページ資料、総務省（2019）より筆者作成。

　同様の傾向は、第3位の大阪市や第7位の札幌市、第8位の名古屋市など
でも見て取れる。一方、林業費も高く私有林人工林面積も広い市区町村も20
位以内には入っている。例えば、浜松市や田辺市、静岡市などである。また、
京都市や福岡市、神戸市などは、政令指定都市であるが林業費の水準は相対
的に高い位置にある。

　そこで、市区町村の林業費（2014年度〜16年度平均値[(2)]）を市区町村の森
林政策に対する政策需要を反映する指標とし、森林環境譲与税の譲与率との
対応関係を確認しておこう。

---

(2) 吉弘（2020a p.120）で述べたように、単年度の市区町村林業費は変動が大きいケースがある
　　ため、ここでも3年度平均値をベンチマークとして使用している。

図表2は、森林環境譲与税の実際の譲与実態から算出した譲与率と、平均林業費の割合（個別の市区町村の林業費が全市区町村林業費合計に占める割合）との散布図である。点の集合は右肩上がりの形状をしており、両者に一定の「正の相関関係」が読み取れる。

　つまり、林業費の割合が大きければ、森林環境譲与税の受取額も大きいということである（ピアソンの相関係数0.67）。この点で、現行の森林環境譲与税は、ある程度市区町村の林業費規模を反映しているともいえる。

　ただし、図表2の左を見ると、人口数規模が大きい点が上方に向かって列を作っていることが見て取れる。これは、林業費がゼロにも関わらず、相対的に高い森林環境譲与税を受け取っている都市部自治体を表している。

　続いて、3つの譲与基準について、それぞれ林業費との相関係数と散布図を示した。私有林人工林面積（補正後）の割合と市区町村林業費との間には、0.74と強い正の相関関係が確認できる（図表3上左）。

　林業就業者の割合と林業費との間にも、0.66と正の相関関係が存在する（図表3上右）。

　問題は、人口数との関係である。両者の相関係数は0.11とほとんど無相関に近い（図表3下）。すなわち、市区町村が持つ森林政策に対する行政需要と、ほとんど関係のない数値が森林政策のための財源配分の基準の3割を決定していることになる。一方で、林業費と関係が強い林業就業者数は2割にとどまっている。

　森林環境譲与税の配分基準として人口数を3割計上していることで、森もなく森林政策需要そのものが存在しない都市部に過剰な財源がもたらされ、林業政策に予算を投じる市区町村への配分が減少するという「いびつな配分構造」を生み出されている[3]。

　また、第5章でも述べられているように、森林政策への充当が難しい市区

---

(3)　なお、3つの基準と林業費との相関関係を高めるとすれば、私有林人工林面積を65％、林業就業者数を31％、人口数を4％とすることが望ましいといえる（吉弘　2020b）。

図表 3　林業費と各譲与基準との相関係数及び散布図

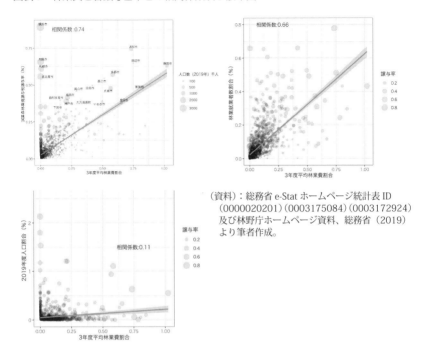

（資料）：総務省 e-Stat ホームページ統計表 ID
　　　（0000020201）（0003175084）（0003172924）
　　　及び林野庁ホームページ資料、総務省（2019）
　　　より筆者作成。

　町村では、目的税として使途の制限が存在する森林環境譲与税の使いみちに
苦慮している。こうした予算は、公共施設の木質化や森林教育あるいは積立
金という形でプールされる。林業政策を拡充するための予算として導入され
ながら、森林環境譲与税の一部は基金積立により「死蔵」されている。こう
した実態は、森林管理が緊急性の高い政策であるという政府の説明とはっき
り矛盾している。本当に緊急を要する政策であれば、それを次の年に行うた
めに貯めておく余裕などないはずである。

　このように、森林環境譲与税は市区町村の林業費との関係をみるだけでも、
多くの問題をはらんでいることが明らかとなった。ただし、市区町村の林業
費には、拙著（2020b）でも示したように、必ずしも林業だけでなく農業分野

（例えば獣害駆除）や自然公園の整備支出も含まれている。そのため、森林環境税の目的である産業としての林業と、完全に連動しているとはいえない。

そこで、続く節では『農林業センサス』データに基づき、産業としての林業の直接的な指標を用いて、譲与基準と森林環境税の政策目的の量的妥当性を更に詳しく分析していく。

3　森林環境税の配り方は
　　　林業作業実態を反映しているのか？

(1) 林業作業の概要

　本節では、より具体的な林業における維持活動を念頭に『農林業センサス』の 2015 年の調査データを用いて分析を行う[4]。

　林業は 50 年ないし 100 年をスパンとして、資源を長期で持続可能な形で利用しなくてはならない自然資源産業といえる（寺西・石田・山下　2018）。日本の林業は終戦直後に急増した木材需要に促される形で、各地の薪取り用の広葉樹林が針葉樹の人工林に開発される形で拡大していった。そして、1960 年代まで積極的に植樹された針葉樹の多くが、近年主伐期を迎えつつある（藤掛 2019）。

　先ほど述べたように、林業は長期の管理作業が必要とされる。主たる作業の循環として、図表 3 のような作業が挙げられる。

　このうち、夏場の下刈りや、一定の生育時期に主伐用木材の育成を目的に行われる間伐作業は、厳しい労働と労災発生率の高い仕事である。そのような厳しい労働にもかかわらず、管理のための人手を確保できていた理由として、林業が長らく、農山村における農業に対する副業的位置づけを持っていた事が挙げられる。

　賃労働そのものが少なかった往時の農村であれば、手間賃等をインセンティ

---

(4)　近年、調査内容の連続性が失われており、時系列分析を展開しづらい。そのため、そのインプリケーションに注意しつつここでは単年度のデータを利用しての分析を進める

図表 4　林野庁資料　林業の持続的利用に関する循環図

（資料）：林野庁（2019）『平成 30 年度　森林・林業白書』より抜粋。

ブに林業の維持管理を行う人手を調達することはある程度可能であったと考えられる。しかし、近年ではそもそも中山間地域に住民が少なく、低迷する木材価格の影響を受けて林業労働による手間賃収入も労働作業量に見合ったものとなっていない（早尻　2020 及び本書第 6 章を参照）。

　このため、林業を持続可能な産業として地域で育成していくためには、何にも増して林業労働者の賃金を上昇させる必要がある。しかし、「森林経営管理法」の成長産業化路線において重視されるのは、主に山林所有者の所得向上策が中心である（第 2 章参照）。また、多くの場合その達成も容易ではない中、地域林業を持続可能な姿で管理運営していく担い手の議論は脇におかれているのが現状といえよう。

　森林環境譲与税は、本来であればこのような地域の林業や森林管理政策が

直面する問題に投入されるべきである。

　さらに言えば、森林環境譲与税という新たな財源を通じて、日本の山林を管理する労働の担い手を守っていくことこそが中長期の日本の森林資源を支えることにもつながると言えよう。しかし、林業作業の実態と森林環境譲与税の関係を具体的に結びつけた議論は管見の限り見当たらない。

　上記を明らかにするために、『農林業センサス』の林業作業内容のデータと森林環境譲与税との関係を明らかにしておく。

(2) 市区町村における林業作業の概要

　まず、森林管理のための作業内容として、『2015年農林業センサス』の「林業作業受託料金収入がある経営体数と受託面積」から全市区町村の作業面積データを取得した。作業内容は、「植林」「下刈りなど」「切捨間伐」「利用間伐」「主伐（請負）」「主伐（立木買い）」（全てha単位）の6項目である。これに加えて、分析では全作業面積を合計した「林業作業面積」を用いている。

　林業作業面積が2015年調査時点で1ha以下（ここではゼロで記録）となる自治体は774市区町村にのぼる。何らかの林業作業面積を持つ市区町村は967である。

　この967市区町村について、作業内容ごとにヒストグラムで分布を表したものが図表4である。各数値の大まかな分布を示すため、ここでは各作業面積を常用対数で表示している。つまり、図の横軸で表示されている2は100を、3は1000を、4は10000を示している。

　これを見ると、植林、主伐（請負）、主伐（立木売り）については実施面積が狭い市区町村が多く、下刈りなど、切捨間伐、利用間伐については先の3項目よりは実施面積が広い市区町村の数が増える傾向が読み取れる。全作業合計値では、中央値443ha（甲子園球場約117個分の面積）、平均値181ha（甲子園球場約48個分）となっており下方に全体が引っ張られる形となっている。

図表5の「林業作業面積合計」のヒストグラムでも確認できるように、市区町村の林業作業面積の分布には2つの山がみられる。このうち、主伐植林は作業面積が狭い方に山をつくる要因となっており、間伐は常用対数2と3(つまり100haと1000ha)の間に集中を形成する要素となっていることがわかる。なお、最大の作業面積を行っているのは、北海道旭川市で、7915ha（ディズニーランド約155個分の面積に相当）、この内の大部分は下刈りと利用間伐となっている。

　林業作業のプロセスは、植林、下草刈りなどのメンテナンス、間伐によるメンテンナンス、主伐及び販売に分けて考えることができる（図表3参照）。

　主伐木材や間伐材の販売価格が上昇しない限り、下刈りなどのメンテナス費用を捻出し、植林による森林の再生産プロセスを維持することは困難であるといえる。

図表5　市区町村別林業作業面積の作業別ヒストグラム

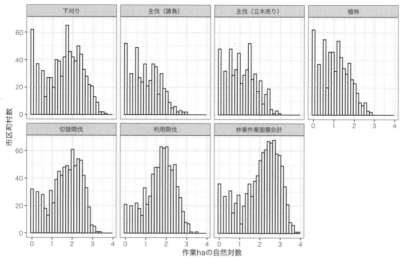

（資料）：農林水産省（2016）『2015年　農林業センサス』「都道府県　林業作業受託料金収入がある経営体数と受託面積」（e-Stat ホームページ）より筆者作成。

　そのためには、本書第6章でも述べられているような、バイオマス発電や熱電コージェネレーション利用などを念頭においた森林資源利用を林業労働者等の担い手に還元するような仕組みに対して、森林環境税を投じていくことも念頭に置かれるべきであろう。

　森林環境譲与税が森林の持続的利用のために使用されるべきならば、上記で示した林業の実作業との関係は、制度を評価する上で重要といえる。次項にて、森林環境譲与税の譲与額が、林業作業の実態とどの程度の関連性をもつのかを、各種数値との相関分析を通じて明らかにしていく。

(3) 林業作業の実態と森林環境譲与税の量的分析

　市区町村人口数、林業就業者数、私有林人工林面積、及び私有林人工林面積（補正係数算定済み）の4つの数値について、林業作業面積合計値との相関を確認したものが図表6である。

　森林環境譲与税は、私有林人工林面積と森林就業者数を譲与のための基準と用いているので、作業面積とも一定の相関が確認されるはずである。実際、両者は、0.435とやや弱い正の相関関係が存在する。

　次に、個別の譲与基準と林業作業面積との相関についても確認してく。端的にいえば、林業作業面積と最も相関が強いのは、林業就業者数となっている（0.65）。林業作業において、それを実際に手掛ける林業就業者を確保する必要性が、ここから改めて確認できるといえる。

　次いで、森林面積はこれよりも弱いが一定の正の相関関

図表6　林業作業面積合計値との各数値の相関係数

森林環境譲与税	0.453
人口数（2019年住民基本台帳）	0.033
林業就業者数	0.650
私有林人工林面積	0.486
補正後私有林人工林面積	0.476

（資料）：農林水産省（2016）『2015年　農林業センサス』「都道府県　林業作業受託料金収入がある経営体数と受託面積」（e-Statホームページ）及び総務省（2019）より筆者作成。

係が確認できる（0.486）。また、私有林人工林面積は、市区町村の林野率に
応じて面積に補正係数が乗じられる。興味深い点は、補正後の方がわずかで
あるが林業作業面積との相関が弱まっていることである（0.476）。これは、
森林面積と林業作業の実態が必ずしも整合していないことを示唆していると
考えられる。すなわち、森林資源ストックが多いからといって、その市区町
村に林業就業者が多いとはいえないことが示されている。

　最後に、人口数であるが、これは市区町村林業費との関係と同様に、非常
に低いものにとどまっている（0.03）。ここから、両者はほぼ無相関であり、
林業作業の実態と市区町村人口数は何らの関係も持っていないことが明らか
となった。

　森林環境譲与税は、市区町村による新たな森林管理のための財源であると
される。しかし、その譲与基準において人口数を3割も計上することは、林
業政策への需要面を表すといえる市区町村の林業費でも、林業作業の実態的
な量に対しても、それぞれの関係は極めて乏しいことがわかる。ここから、
森林環境譲与税の譲与基準において、関係性の乏しい市区町村人口数を採用
したことから、同譲与税が分配の正当性を失っていることが改めて明らかに
なったと言えよう。

　さらに、林業の実作業と森林環境譲与税の譲与の相関関係を図示して議論
を深めることとしよう。図表7は横軸に林業作業面積合計の常用対数値を、
縦軸に森林環境譲与税の譲与率をとって1741市区町村をプロットしたもの
である。両者の相関係数は先の図表6でも確認したように0.453と弱い正の
相関関係にある。

　このため、図に表示される分布の相関を表す近似線は、緩やかに右肩上が
りの形状を示している。

　図には、横軸と縦軸の中央値を、それぞれ点線で表示している。この中央
値の線が交差することで4つの象限に分割した場合、第一象限と第三象限に
多くの点が集中していれば正の相関が考えられ、第二象限と第四象限に点の

図表7 林業作業面積と森林環境譲与税譲与率との関係図

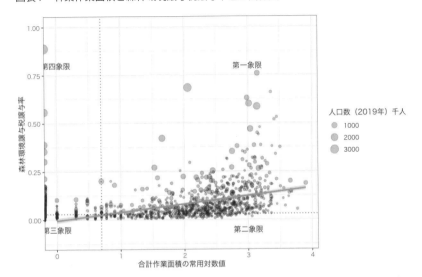

(資料)：農林水産省（2016）『2015年 農林業センサス』「都道府県 林業作業受託料金収入がある経営体数と受託面積」（e-Statホームページ）及び総務省（2019）より筆者作成。
注 ：点線は縦軸横軸それぞれの中央値を表す。点の大きさは2019年度末の住民基本台帳ベースの人口数を表す。横軸は常用対数（log10）で表示されており、1は10ha、2は100ha、3は1000ha、4は10000haにそれぞれ相当する。

集中があれば負の相関が考えられる。

　ここでは、作業面積ゼロの市区町村が少なくないため、横軸の左隅に多くの点の集中がみられる。ただ、それ以外の点では第一象限と第三象限に点が集中していることが確認できる。

　ここで、それぞれの象限の位置の意味について考察しておこう。第一象限は森林作業面積が中央値よりも上、つまり相対的に多くの林業作業を担っている地域ということになる。さらに、森林環境譲与税の受け取りも中央値よりも高いため、相対的に多い譲与財源を受け取っていることに成る。この関係は、森林環境税の性格から言って納得のいくものといえる。

　同様に、第三象限はこの逆であり、森林作業面積が中央値よりも狭く、ま

図表8　森林環境譲与税と林業作業実態との相関四象限ごとのコロプレスマップ

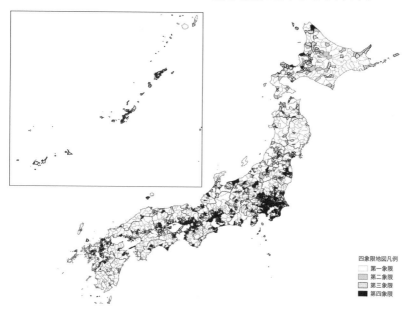

(資料)：農林水産省（2016）『2015年　農林業センサス』「都道府県　林業作業受託料金収入がある経営体数と受託面積」(e-Statホームページ)及び国土交通省「国土数値情報ダウンロード」より筆者作成。
　　　注：作業面積が0の市区町村は白抜きとなっている。

た森林環境譲与税の受け取りも相対的に小さいグループである。これも、現実に林業作業がそれほど活発でない地域にそれに見合っただけの小さい財源が配分されるということを意味するので、その関係は合理的といえる。

　問題は、第二象限と第四象限である。第二象限に位置する市区町村は、相対的に多い林業作業を担っていながら、譲与税の受け取りは全国的に見ると少ない部類に位置することになる。

　逆に、第四象限は林業作業が相対的に小さい一方、多くの譲与税を受け取っている市区町村ということになる。ここで、これらの市区町村の空間的な特徴をみるため、図表8により、各象限の市区町村の位置を確認しておこう。

図表9　市区町村林業費（2014－16年度平均）
性質別項目と林業作業面積との相関係数

林業費＿人件費	0.420
林業費＿物件費	0.218
林業費＿扶助費	0.209
林業費＿補助費等	0.347
林業費＿普通建設事業費	0.390
林業費＿積立金	0.115
林業費＿投資金	0.106
林業費＿貸付金	0.127
林業費＿繰出金	0.089

（資料）：総務省 e-Stat ホームページ統計表 ID
（0000020201）（0003175084）（0003172924）、
農林水産省（2016）『2015年　農林業センサス』
「都道府県　林業作業受託料金収入がある経営体
数と受託面積」（e-Stat ホームページ）より筆者作
成。

図表8は、各市区町村が図表7の四象限の分類上いずれに位置するかを基準に塗り分けを行ったコロプレスマップ（色分け地図）である。第一象限が全国的に分布しており、第二象限や第三象限は面積の小さい市区町村が全国的に散らばっている一方、第四象限には次のような地理的集中が確認できる。

図表7における第四象限は黒色で表示されている。この黒の集中は東京特別区部を中心にした首都圏一円、名古屋市を中心とした東海地方の沿岸部、大阪市を中心とした京阪神沿岸部に強く集中していることが確認できる。こうしたエリアは、人口集中地域であることは自明であり、いわゆる大都市圏に属していることが理解できる。

つまり、この地図から、林業作業が相対的に小さい一方、多くの譲与税を受け取っている市区町村（第四象限）とは、具体的に言えば関東・東海・京阪神都市部が中心であるということが、はっきりと浮かびあがってくる。

最後に、林業作業と市区町村林業費の構造との関係を、同じく相関係数をもとに確認しておく（図表9）。吉弘（2020b）で示したが、市区町村林業費はその規模が大きいほど、普通建設事業費の割合が高まる傾向にあった。しかし、林業作業と林業費の性質別歳出構成比との相関を確認すると、両者について最も強い相関を示したのは、人件費の項目となっている。

人件費は、市区町村林業費全体の構成では10％程度を占めるに過ぎないが、林業作業の実態を考慮すると、公的な面でも人手の問題が非常に重要な点と

して浮かび上がる可能性が示唆されていると言える⁽⁵⁾。

　森林環境譲与税では、このような森林作業に対する公務の支援機能を分配において評価しておらず、森林管理を市区町村のイニシアティブのもとで運営していくという政策目標と照らして不十分な配分基準にとどまっていることが改めて浮き彫りになったと言えよう。

---

(5) 実際、林業作業について専門的見地からアドバイスし、各種作業に置いて公務面からサポートする場合、市区町村にこれをワンストップで対応する部門があるかどうかは林業の実態的作業において非常に重要な役割を持つと想像できる

4　森林環境譲与税の望ましい配り方への考察

　最後に、本章の内容を振り返り、今後の森林環境譲与税の譲与基準についての具体的提言を行うこととしたい。

　本章では、森林環境譲与税の「配り方」の妥当性の有無を、各市区町村への譲与率と林業費の水準、譲与率と『農林業センサス』の林業作業面積との相関関係を見ることで検討した。

　その結果、本章のここまでの検討で浮き彫りとなった森林環境税及び森林環境譲与税の「配り方」に関連する問題は次の 4 点にまとめられる。

1) 森林環境譲与税は人口数を譲与基準として採用した結果、都市部に過剰な予算配分がなされている。
2) 都市部は管理すべき森林も、それに対応する林業政策需要そのものが存在しない。
3) 空間的にも、首都圏、名古屋周辺、京阪神地域など人口集積地において、林業作業実態の小さいエリアに相対的に高い森林環境譲与税が配分されている。
4) 林業作業のためには林業就業者が必要不可欠である一方、森林環境税の配分の基準には 2 割しかその数が反映されていない。

　それでは、森林環境譲与税による都市の木材需要の喚起のためであれば、人口基準を 3 割入れることは正当化されるだろうか。この点、横浜市や大阪市といった都市部に譲与された予算によって「本当に林業を活性化するほど木材需要が喚起されれば」、政策的には整合性がとれるかもしれない。しかし、

はっきりと言えば、この都市部による木材需要の引き上げという考え方は机上の空論に過ぎない。

第6章でも述べられているように、近年木材の消費は下げ止まりかやや上昇している。しかし、これを下支えしているのは木質バイオマス発電に利用される燃料材としての需要である。

常識的に言って、木材を燃焼消費するのに適しているのは、木材を切り出した地域の近隣、つまり中山間地域といえる。

燃焼材の需要のみが盛り上がっているのは、端的に言えば建材やパルプチップといった木質材としての利用が、人口減少や住宅工法の変化、ペーパーレス化などにより低下してきていることを示している。

輸出を喚起したとしても、国際的な木材市場では山林所有者や、まして林業就業者が価格決定に参加することは不可能であり、木材生産はひたすらグローバル競争の影響を受けて素材価格の引き下げ合戦に巻き込まれ、国内での産業の担い手は疲弊していく。

図表10　製材・木製品・家具の地域内産業連関表の取引額構成（2005年）

	北海道	東北	関東	中部	近畿	中国	四国	九州	沖縄
北海道	91.3%	1.8%	5.8%	0.5%	0.3%	0.0%	0.2%	0.1%	0.0%
東北	0.5%	74.2%	24.0%	0.8%	0.1%	0.1%	0.1%	0.3%	0.0%
関東	0.9%	2.6%	93.8%	1.0%	0.3%	0.3%	0.3%	0.8%	0.0%
中部	4.6%	3.0%	14.4%	69.0%	2.2%	1.1%	1.8%	3.8%	0.2%
近畿	2.7%	3.2%	28.0%	3.8%	51.2%	1.6%	4.2%	5.1%	0.2%
中国	3.4%	3.1%	15.6%	4.5%	3.0%	57.5%	2.0%	10.7%	0.2%
四国	1.2%	0.8%	6.0%	1.9%	3.9%	2.6%	73.0%	10.4%	0.3%
九州	0.2%	0.5%	6.9%	1.5%	1.7%	1.5%	1.1%	85.7%	0.9%
沖縄	0.0%	0.0%	0.0%	0.0%	0.0%	0.0%	0.0%	1.5%	98.5%

（資料）：経済産業省ホームページ『地域間産業連関表　平成17年』（最終閲覧日：2020年8月2日）より作成。

また、図表10の製材・木製品・家具の地域間産業連関表における地域間生

産消費関係からも、そもそも木材の消費は地域間移動が小さく、エリア内消費の性質が強いことが確認できる。つまり、東京や横浜、名古屋、大阪といった人口集積地に木質需要を喚起させようとしても、北海道や九州の木材産業を下支えする可能性は非常に低いと言えるのである。

　このように考えると、木材の生産と消費、そしてそれを担う産業の担い手の連環において、これまでの要素材産業としての林業（建材やパルプチップ利用）と並行して、木をエネルギー源として活用する地域経済の活性化策を、林業の現場ですすめるような形に財源を投じるべきである。さらに、第6章でも述べられるように、そのようにしてえられた収入を林業就業者の育成だけでなく給与の上昇につなげることが絶対的に必要である。

　このまま、正当性のない曖昧な配分方式を続ける限り、日本は健全な森林管理更新やその担い手の育成に再び失敗することになるだろう。

　以上の点を踏まえて、森林環境譲与税の譲与基準に対して、どのような具体的提案を行えるかについてまとめておく。

　第1に、市区町村人口数は市区町村の林業需要、また市区町村別の林業作業実態のいずれにおいてもほとんど関係のない指標であり、全体の30％を決める係数としては不適当であることが明らかである。このため、同係数の項目を速やかに変更するか、30％という係数を現在のものよりも小さくすることが求められる。

　第2に、川上（林業作業が実際に行われる）の現場で林業作業を行うのは、林業労働者であり、彼らの数を安定的に増やし、雇用を魅力的なものとしない限り林業管理の絶対量を増やしていくのは難しい。それに比して、林業就業者数の係数が2割にとどまるのは政策の根拠からして大きな問題を抱えているということである。

　最後に、山地に入り厳しい作業に従事する人々の生活や雇用を、公共部門においてどのように人的・物的に支援できるかという、シンプルな政策目標を達成するため森林環境譲与税の譲与基準は見直されるべきであると言える。

そのため、拙著（2020b）で示したように人口基準を残す場合でもその係数は全体の4％とし、林業就業者の係数を31％まで高めるなど人手の確保について市区町村がインセンティブを発揮するように計算式を変更するべきである。

　すでに2020年の国会でも、算定式の変更が議論され始めているが、その背景にこのような森林の実際の管理を十分に反映する指標を検討することはまさに喫緊の課題であるといえる。

【参考文献】

寺西俊一・石田信隆・山下英俊（2018）『農家が消える　自然資源経済論からの提言』みすず書房。

早尻正宏（2020）「2030年の森林環境と協同組合」『共同組合研究誌にじ　春号』No.671、pp.1-9。

藤掛一郎（2019）「日本の森林の現状と課題」『月刊自治研』61巻723号、pp.16-23。

吉弘憲介（2019）「特別連載　「国税・森林環境税の問題点」第1回　森林環境譲与税の譲与基準の試算及びその検討について」『自治総研』484号、pp.3-20。

　（2020a）「森林環境税をどう考えるか―森林環境税の理論と実態に関する試論」『都市問題』第111巻2号、pp.63-72。

　（2020b）「譲与基準の分析から明らかになる国税・森林環境税の問題点と，本来あるべき森林整備財源の配分基準」『日本地方財政学会研究叢書』第27号、pp.115-133。

第4章

大都市における森林環境譲与税の使途
——事例からの検討

其田　茂樹

1　はじめに

(1) 森林環境譲与税の使途

　本章の課題は、森林環境譲与税が使途制限を持つ譲与税であることに注目し、森林経営管理法に基づいて地方自治体、特に市町村が施策を展開する財源として同譲与税をとらえた場合における現状を明らかにし、問題点を析出することである。さらに、本章では、その焦点を大都市にあてる。本章における大都市の範囲は、政令指定都市および特別区とする[(1)]。本章で指摘することになる論点は、使途と譲与基準との乖離に帰結すると思われ、その問題点が顕在化しているのは大都市においてであると思われるからである。

　政令指定都市を対象とした森林環境譲与税に関する先行研究として内山愉

---

(1)　本章で「市町村」という場合、原則として特別区を含んでいる。

太・香坂玲による「速報的な調査」がある[2]。内山らによると、森林の集積計画に関する政策を重視する市と非重視の市とでは1人当たりの森林面積に顕著な差が見受けられたという[3]。

本書においてすでに言及した内容と一部重複するが、「森林環境税及び森林環境譲与税に関する法律」（平成31年法律第3号）では、その第34条において使途に言及している（本章において、単に「法律」と呼ぶ）[4]。

それによると、市町村は、譲与された財源を(1)森林の整備に関する施策、(2)森林の整備を担うべき人材の育成及び確保、森林の有する公益的機能に関する普及啓発、木材の利用の促進その他の森林の整備の促進に関する施策に要する費用に充てなければならないと規定されている。

都道府県については、(1)当該都道府県の区域内の市町村が実施する前段落に示した施策の支援に関する施策、(2)当該都道府県の区域内の市町村が実施する森林の整備に関する施策の円滑な実施に資するために実施する森林の整備に関する施策、(3)前段落(2)に掲げる施策に要する費用に充てなければならないと規定されている。

2016年12月の与党「平成29年度税制改正大綱」においても、「森林吸収源対策」における「市町村の果たす役割が重要となる」旨の記載がなされており、森林経営管理法においても主として市町村に新たな役割が求められている。この点については次項でも若干触れるが、森林環境譲与税は、森林経営管理法における地方自治体の新たな事務に対する財源の確保のための措置として考えるのが一連の流れとして自然なように思われる。

法律における森林の整備については、「森林」は、私有林人工林に限定されず、「森林の整備」には、間伐、所有者の意向調査、作業路網の整備等のほか、

---

(2)　内山愉太・香坂玲（2020）「政令指定都市における森林環境譲与税の活用の現況－都市部における森林政策の多様な展開の分析－」『日本森林学会誌』第102巻第3号 pp.173-179。
(3)　内山・香坂（2020）、p.178参照。
(4)　法律に関する解説については、圓増正宏（2019）「森林環境税及び森林環境譲与税に関する法律について」『地方税』2019年6月号 pp.19-63を参照されたい。

人工林の天然林化も該当すると解されているようである[(5)]。

　森林環境税、森林環境譲与税は、温暖化対策というグローバルな環境課題と森林整備により国民が享受できるメリットと林業の成長産業化という異なる政策課題が十分に整理されていないまま盛り込まれた結果、現状のような制度として運用されているのではないかと思われる。

　この３つの異なる政策課題を考えるとき、それぞれにおける必要な施策とその施策に係る財源をだれがどのように負担する形で調達するかについては、さらに議論が必要と思われ、その議論は、すでに遅きに失しているとはいえ森林環境譲与税が公庫債権金利変動準備金等で賄われている現状のうちに、すなわち、国民に「新たな」負担が生じる前に行われる必要があると思われる。

　森林環境譲与税は、森林経営管理法に係る地方自治体の施策に要する経費を賄うために創設されたものと位置づけ、むしろ、その名称は「森林経営管理譲与税」等がふさわしかったのではないかと考えられる[(6)]。

　森林環境譲与税について山田容三は、「補助金ではなく、国民のひとりひとりが森林を支え、次世代に豊かな森林を引き継いでいくための仕組み」としてとらえ、「森林が木材、燃料、水、土砂災害防止、二酸化炭素の吸収など生活に不可欠な資源と環境を提供しており、その恩恵に私たちが与っているのだということを認識することが、森林を身近に感じることにつながる」との期待寄せている[(7)]。現状の森林環境譲与税は、公庫債権金利変動準備金によって賄われており、森林環境税の課税も開始も復興特別住民税の終了といわば「シームレス」に行われることから、国民に森林環境税によって森林を支えるという意識が醸成されにくい制度設計となっている。

　小西砂千夫は、森林環境税という新たに生じた税負担による財源を「ほか

---

(5)　圓増（2019）、pp.55-56 参照。
(6)　この点については、其田茂樹（2020）「森林環境譲与税をめぐる動向：自治体別譲与額と2020 年度地方財政計画による制度変更」『自治総研』2020 年 6 月号 pp.48-78 を参照されたい。
(7)　山田容三（2020）『SDGs 時代の森林管理の理念と技術 森林と人間への共生の道へ』昭和堂 p.123 参照。

の財源と混ぜることなく、その財源を市町村の財政需要に応じて適切に帰属させるために再配分する仕組みが必要となり、その手法としては地方譲与税によることが最も適合的である」との構想のもとで森林環境譲与税が設けられることとなったとしている。しかし、現状の譲与基準がこのような構想を実現しているかどうかについては疑問も残る。一方、小西は、地方交付税との比較において不交付団体にも確実に財源を手当てできるという地方譲与税のメリットも指摘している [8]。この点、現状の国と地方の財政関係において重要な論点となると思われる。ただし、森林環境譲与税の譲与基準が森林経営管理法により実施されるべき事業の財政需要を反映するのに最適であるかについては議論の余地があり、本章において大都市に焦点を当てるのもこの論点をわかりやすく示す一例になると思われるからである。

　次項において、森林経営管理法との関係を含めさらに検討を進めよう。

(2) 森林経営管理法による市町村の事業と森林環境譲与税

　森林経営管理制度については本書において既に触れており若干重複するが、大都市における森林環境譲与税の使途を検討するにあたって必要最小限の確認をしておきたい。併せて、三好規正（2020）「森林管理法制の現状と課題〜森林の多面的機能の維持に向けて〜」『自治総研』2020年10月号も参照されたい。

　まず、「森林経営管理法」（平成30年法律第35号）は、市町村が経営権利権を取得し、自ら経営管理を行うか経営管理実施権を意欲と能力のある林業経営者に設定する等により、林業の持続的発展及びと森林の有する多面的機能の発揮に資することを目的とするものである（第1条）。

　市町村には、森林経営管理法第3条第2項で「その区域内に存する森林について、経営管理が円滑に行われるようこの法律に基づく措置その他必要な

---

(8)　小西砂千夫「森林環境税・同譲与税のねらいとその意義」『地方税』2019年5月号 pp.2-9 参照。

措置を講ずるように努めるものとする」という責務を負っており、区域内の森林の全部又は一部について必要に応じて経営管理権集積計画を作成することになる。

　森林経営管理法では、経営管理権集積計画の対象となった森林について市町村は、その所在、所有者を明らかにする等し、所有者の意向調査を行い、所有者の申出により経営管理権を取得する。経営管理権とは、森林について森林所有者が行うべき自然的経済的社会的諸条件に応じた経営又は管理を市町村が行うため、当該森林所有者の委託を受けて立木の伐採等を行い、販売収益を収受し、販売収益から伐採等に要する経費を控除してなお利益がある場合にその一部を森林所有者に支払うこと等を実施するための権利を指す（第 2 条第 4 項）。

　このとき、所有者が同意しない場合や所有者が不明の森林についても都道府県の裁定を経る等、一定の手続きのもとで経営管理権の設定が可能となっている。

　以上のように、市町村にとって森林経営管理法は、経営管理権集積計画の作成が必要である場合、区域内の森林の所有者を確定し意向を調査することが事業の出発点となっていることがわかる。逆にいうと、そもそも森林がない場合や森林に経営集約管理計画が必要ないと判断した市町村においては、森林経営管理法に基づく新たな財政需要は生じないことになる。

　一方で、経営管理集積計画を作成するにあたり、市町村は森林所有者に対し経営管理意向調査を実施するが、その場合に課題となるのが所有者不明森林の存在である。森林所有者の全部または一部が不明である場合、市町村は、登記簿上の森林所有者の相続人（原則として配偶者と子）までについて探索を行い、公告を行う。その後 6 月以内に異議の申し立てがない場合、同意があっ

---

(9)　共有者の一部が不明であるが、知れている全員が計画作成に同意している場合のプロセスである。森林所有者全員がふみの場合は、6 月以内の申出がなければ、その後 4 月以内に都道府県知事に裁定を申請し、その裁定の結果、同意があったものとみなされる。

たものとみなし経営管理集積計画を作成することになる[9]。

　この探索、公告等のプロセスは、森林の状況に関わらず必要なものであり、探索の範囲も限定的で、それらについて登記事項証明書、戸籍謄本、除籍謄本、戸籍の附票、住民票などにより探索されることになるため所有者不明森林の面積とほぼ比例する形で財政需要が生じると考えられる。

　経営管理権集積計画を作成した市町村は、さらに、経営管理実施権配分計画を作成して民間事業者に経営管理実施権の設定を行うことにより林業経営に適した森林の経営を委託したり、自然的条件に照らして林業経営に適さない森林等については、市町村によって複層林化その他の方法により管理を実施したりすることになる（市町村森林経営管理事業）。

　このように、経営管理実施権の設定や市町村森林経営管理事業についての財政需要は、当該森林の状況によって同じ間伐を行う場合にも大きく異なる可能性があるものの、該当する森林の存在が前提であることから、森林面積が小さければ財政需要も小さくなる可能性が高いことがわかる。一方で、森林経営管理法の規程をみる限りにおいて、人口の多寡によって財政需要が変動する要素は見受けられない。

　施策の展開としては森林経営管理法における財源調整手段として位置づけられ得る森林環境税が、その譲与基準においては、必ずしも財政需要を的確に反映していると言い難いのが現状であろう。

　以上を確認したうえで、大都市に譲与された森林環境譲与税の状況やその使途について次節以降で確認する。

2　大都市における森林環境譲与税の現状

(1) 2019 年度における譲与額の概況

　森林環境譲与税の 2019 年度における譲与額は 199 億 9,910.4 万円であり、このうち都道府県分は 39 億 9,997.7 万円、市町村分は 159 億 9,921.7 万円であった[10]。2019 年度における森林環境譲与税は、200 億円を地方公共団体金融機構の公庫債券金利変動準備金を活用して確保し、都道府県と市町村の割合は 20：80、すなわち、都道府県に 40 億円、市町村に 160 億円譲与されることになっていることから、これに準じて譲与されていることが確認できる。

　各自治体への譲与基準は、50％が私有林人工林面積、20％が林業就業者数、30％が人口により譲与され、私有林人工林面積については林野率 85％の自治体は 1.5 倍に、同 75％以上 85％未満の自治体は 1.3 倍にそれぞれ割り増す補正が実施される。それぞれの指標の根拠については、森林環境税及び森林環境譲与税に関する法律、同施行規則（平成 31 年総務省令第 40 号）に規定されている[11]。

　なお、2020 年度は総額 400 億円、都道府県と市町村の割合は 15：85、すなわち、都道府県に 60 億円、市町村に 340 億円譲与されることとなる。この間、譲与基準に係る統計等の変更・更新は実施されていないため、都道府県・市町村における配分の比率は不変であることから、都道府県への譲与

---

(10)　総務省「令和元年度　森林環境譲与税 譲与額（都道府県別）」参照。
(11)　具体的には、私有林人工林面積は農林業構造統計、林業就業者数、人口は国勢調査、林野率は、農林業センサスによる。

額は 2019 年度の譲与額に 60/40 を市町村への譲与額は 2019 年度の譲与額に 340/160 をそれぞれ乗じた額により概算することができるものと思われる[(12)]。市町村別の譲与額を確認すると、最大は横浜市の 1 億 4,209.5 万円、最小は渡名喜村の 1.6 万円となっている。

総務省・林野庁では 2020 年 10 月に「令和元年度における森林環境譲与税の取組状況について」(以下、「取組状況」という) を取りまとめている。

これによると、市町村全体 (1,741 団体) では、平均値が 920 万円、中央値が 480 万円であり、譲与額が 100 万円未満の団体は 196 (11%)、100 万円以上 500 万円未満の団体は 702 (40%)、500 万円以上 1,000 万円未満の団体は 365 (21%)、1,000 万円以上 1,500 万円未満の団体は 169 (10%)、1,500万円以上 2,000 万円未満の団体は 100 (6%)、2,000 万円以上の団体は 209 (12%) であった。

私有林人工林面積が 1,000ha 以上の市町村 (981 団体) については、平均値が 1,300 万円、中央値が 870 万円であり、前段落と同様に記述すると、順に0 (0%)、267 (27%)、288 (29%)、149 (15%)、85 (9%)、192 (20%) となり、同様に私有林人工林面積が 1,000ha 未満の市町村 (760 団体) については、平均値が 380 万円、中央値が 190 万円であり、196 (26%)、435 (57%)、77 (10%)、20 (3%)、15 (2%) となっている。

取組状況における区分に従えば、譲与額最大の横浜市も最小の渡名喜村も私有林人工林面積は、1,000ha 未満に位置づけられる (横浜市 517.19ha、渡名喜村 0.85ha)[(13)]。この私有林人工林面積 1,000ha 未満の市町村には、私有林人工林がない 149 団体も含まれており、本章が対象とする大都市との関係でいうと、特別区のすべておよび大阪市がこれに該当する。これら 149 団体に

---

(12)　たとえば、札幌市の場合、2019 年 9 月譲与分に 340/160 を乗じると 9,966.0 万円となるが、すでに公表されている同市の 2020 年 9 月譲与分は、9,966.6 万円であり、若干の誤差を生じるものの概ね合致している。

(13)　ここに掲げた私有林人工林面積は、林野庁「森林資源の現況 (平成 29 年 3 月 31 日現在)」による。

譲与された森林環境譲与税は、8億7,571.4万円、譲与額全体の約5.5％に達する。

　普通交付税の不交付団体への譲与についても確認しておこう。

　2019年度に普通交付税が不交付となった85市町村に対する譲与額は2億7,025.0万円となり譲与額全体の約3.4％に相当する。さらに、そもそも地方交付税制度が対象としていない特別区に対して1億8,134.0万円譲与されており、これも合わせると4億5,159.0万円が普通交付税が交付されない自治体に譲与されたことになる。

　なお、私有林人工林面積でみると、これらの団体の私有林人工林面積は102,362.25haとなり、全体の1.3％である。また、不交付団体85のうち私有林人工林面積がゼロの自治体は、24あり、特別区はすべてゼロである。

　これらの不交付団体等のうち譲与額が最も多かったのは豊田市の3,049.0万円であった。豊田市には、29,749.80haの私有林人工林があり普通交付税による措置であった場合には交付されない財源が譲与税制度を用いたことにより措置できた反面、2番目に多かった川崎市については、譲与額は2,840.2万円であるが、私有林人工林面積は15.07haにとどまる。

　豊田市の私有林人工林面積は不交付団体等の中で最大であり、これらのうち豊田市に次ぐ私有林人工林面積を有するのは岡崎市の12,111.12haであり同市における譲与額は1,608.1万円となっている。

　現行の森林環境譲与税制度によって、不交付団体等へ一定の財源が確実に措置されているものの、それらが、森林管理という財政需要に即したものであるかについては議論の余地が残ると思われる。そこで、以下では、特別区と政令指定都市を対象とした大都市における譲与の現状を検討する。

(2) 大都市における譲与額の検討

　本章で対象とする大都市における譲与額は、政令指定都市分が13億8,516.9

図表 1 　大都市自治体における森林環境譲与税額 （2019 年度、単位：千円）

自治体名	譲与額（千円）	自治体名	譲与額（千円）
札幌市	93,803	千代田区	6,918
仙台市	56,635	中央区	7,184
さいたま市	48,530	港区	9,584
千葉市	40,656	新宿区	13,493
横浜市	142,095	文京区	8,594
川崎市	56,807	台東区	7,676
相模原市	35,094	墨田区	9,673
新潟市	35,754	江東区	20,105
静岡市	100,971	品川区	15,204
浜松市	121,348	目黒区	10,880
名古屋市	89,290	大田区	27,269
京都市	96,265	世田谷区	34,400
大阪市	109,611	渋谷区	8,675
堺市	32,169	中野区	12,639
神戸市	62,405	杉並区	21,489
岡山市	35,330	豊島区	11,241
広島市	75,130	北区	12,925
北九州市	43,314	荒川区	8,012
福岡市	67,530	板橋区	21,211
熊本市	42,432	練馬区	27,393
政令市計	1,385,169	足立区	25,345
		葛飾区	16,769
		江戸川区	26,018
合計	1,747,866	特別区計	362,697

（資料）総務省ウェブサイトより作成。

万円（8.66％）、特別区分が3億6,269.7万円（2.27％）の17億4,786.6万円となり、市町村分の森林環境譲与税全体の約10.9％を占める（図表1）。

　取組状況にならいこれらを分類すると、43自治体の平均値は4,064.8万円、中央値は2,739.3万円となり、取組状況に示された平均値920万円、中央値480万円よりもかなり高い水準であることが確認できる(14)。内訳をみても、100万円未満、100万円以上500万円未満の団体はいずれも皆無で、500万円以上1,000万円未満の団体は8（18.6％）、1,000万円以上1,500万円未満の団体は5（11.6％）、1,500万円以上2,000万円未満の団体は2（4.7％）、2,000万円以上の団体は28（65.1％）にのぼる。

(14)　政令指定都市の平均値は6,925.8万円、中央値は5,960.6万円であり、特別区の平均値は1,576.9万円、中央値は1,292.5万円である。

図表 2　市町村分森林環境譲与税の譲与額別分布
（外径：大都市、内径：大都市以外）

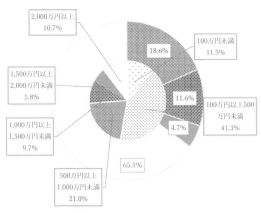

（資料）総務省ウェブサイトより作成。

図表 3　私有林人工林面積 1,000ha 未満市町村分
森林環境譲与税の譲与額別分布
（外径：大都市、内径：大都市以外）

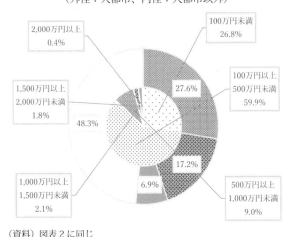

（資料）図表 2 に同じ

取組状況では、自
治体を私有林人工
林面積 1,000ha を
境に分割して譲与
額の分布をみてい
る。大都市におい
て、私有林人工林面
積が 1,000ha 以上の
団体は 14、同じく
1,000ha 未満の団体
は 29 である(15)。

私有林人工林面積
が 1,000ha 以上の大
都市（14 市）の平均
値は 6,476.2 万円、
中央値は 5,542.2 万
円、同 1,000ha 未
満の大都市（6 市と
23 区）の平均値は
2,900.7 万円、中央
値は 1,520.4 万円で
あった。

図表 2 は、取組状
況に即して森林環境

(15)　前者は、私有林人工林面積が広い順に浜松、静岡、京都、広島、仙台、相模原、北九州、福岡、岡山、札幌、新潟、千葉、神戸、熊本の各市、後者は、横浜、名古屋、堺、川崎、さいたま、大阪の各市、23 の特別区すべてである。

譲与税の現状を本章で取り上げる大都市とそれ以外とに分けて示したものである。このように、現状の譲与基準では大都市において 2,000 万円以上の自治体が多くなることがより明らかに確認できる。大都市における私有林民有林 1ha あたりの譲与額は約 1.05 万円、大都市以外においては約 0.25 万円となり、結果として大都市部の私有林民有林に対してより多くの財源が譲与されていることになる [16]。

さらに、取組状況にしたがって、私有林民有林面積 1,000ha で区切り、それ未満の自治体における譲与額の分布をみたのが図表 3 である。

図表 3 においては、私有林人工林面積が小さい自治体を対象としている分、2,000 万円以上など譲与額が多額な自治体のシェアが小さくなり、100 万円未満など譲与額が少額な自治体のシェアが大きくなる。図表 3 において大都市における私有林人工林 1ha あたりの譲与額は約 108.1 万円、大都市以外においては約 1.1 万円となる。これは、私有林人工林面積 1,000ha 未満の大都市 29 団体のうち 24 団体までが私有林人工林面積がゼロであること、全市町村中最も譲与額の多い横浜市などがここに含まれていることなどにより面積当たりの譲与額が大きく増加している影響であると思われる [17]。

私有林人工林面積 1,000ha 以上の大都市 14 団体はすべて 2,000 万円以上の譲与を受けている一方、大都市以外の 967 団体においては 100 万円未満がゼロ、100 万円以上 500 万円未満が 27.3％、500 万円以上 1,000 万円未満が 30.1％、1,000 万円以上 1,500 万円未満が 15.4％、1,500 万円以上 2,000 万円未満が 8.8％、2,000 万円以上が 18.4％となる。私有林人工林 ha あたりの譲与額は、大都市も大都市以外も約 0.5 万円となる。

さらに、譲与額と私有林人工林面積の関係を散布図に描いたものが図表 4 である。

---

(16)　ただし、本章においては取組状況の区分に従ったが、譲与額の少ない自治体をみると、島しょ部にあって人口も私有林面積も小さい自治体が目立つことが確認できる。このように地域特性等に着目した分析の余地は残されていると思われる。
(17)　大都市以外で私有林人工林面積がゼロなのは、125 団体である。

図表4　譲与額（横軸・単位：千円）と私有林人工林面積（縦軸・単位：ha）の関係

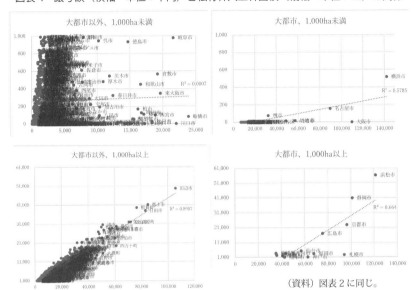

（資料）図表2に同じ。

　図表4では、譲与額と私有林人工林面積の関係を大都市であるか否かと私有林人工林面積が1,000ha以上であるか否かによって区分し、それぞれの関係を示している。これをみると、私有林人工林面積の規模が大きくなると、譲与額と私有林人工林面積の相関が高まり、大都市以外においてそれがより顕著であることが確認できる。これは、大都市以外においても私有林人工林がないまたはその面積が小さい自治体であって人口等のその他の要因によって比較的多くの森林環境譲与税が確保されている自治体がある一方で、私有林民有林面積1,000ha未満の大都市では、横浜市の私有林民有林面積と譲与額が近似曲線を押し上げているようにも見受けられる。

　私有林人工林面積1,000ha以上の自治体においては、譲与基準の半分を占めるこの面積が大きくなることによっていずれも譲与額と私有林民有林面積との相関が認められ、特に大都市以外については顕著である。

　なお、このように私有林人工林面積等による区分を行わず各市町村の譲与

額と私有林人工林面積との関係をみると R^2 値は 0.648 であった。この値は、2019 年 10 月譲与分のみを対象として実施した其田（2020）における結果とほぼ一致するものである。

其田（2020）では、譲与額、人口、私有林人工林面積、林業費それぞれにおける地域ブロックごとのシェアを比較して私有林民有林面積と林業費に関してはシェアが似通っていたのに対して、人口において大きなシェアを占める関東において譲与額のシェアが高くなることを明らかにしたが、大都市と大都市以外においても同様のことがいえると思われる。私有林民有林面積では約 2.9％を占める大都市に譲与額の約 10.9％が集中していることからも人口による譲与基準が大都市の譲与額を押し上げていることが推測できる。

多田忠義は、「人口を譲与基準に加えた背景には、私有林人工林や林業就業者数が皆無である市町村に配慮するような力が働いた可能性がある」としているが、この「配慮」があったのだとすれば、それによって人口の多い大都市には財政需要には見合わない過大な譲与が行われている可能性もあると思われる[18]。

そして、森林環境譲与税を森林経営管理法に係る事業に要する財源と考えるとき、このような財政需要と乖離したと思われる譲与基準については見直しの余地が大きい。もちろん、人材育成などの面において必ずしも当該自治体に私有林人工林がなくても森林経営管理法の事業を推進するために貢献できる点は少なくない。そこで、次節においては森林環境譲与税の使途に着目し、大都市においてどのような事業に財源が用いられているのかを検討することにより事業と財源の関係について議論したい。

---

(18)　多田忠義（2020）「森林環境譲与税の執行環境に関する速報と地域差分析の試み」『農林金融』通巻 887 号 pp.33-53 参照。

3　森林環境譲与税の使途

(1) 取組状況における使途の動向

　法律では、前述した通り使途について第 34 条に定めている。その第 1 項では市町村における使途が、第 2 項では都道府県における使途がそれぞれ定められている。市町村における使途は、①森林の整備に関する施策、②森林の整備を担うべき人材の育成及び確保、森林の有する公益的機能に関する普及啓発、木材の利用の促進その他の森林の整備の促進に関する施策と規定されている [19]。また、後述するが、使途の公表については第 34 条第 3 項に定めている。

　2019 年度の森林環境譲与税における実際の使途については、前節で取り上げた取組状況によって概観されている。それによると、全体では、①間伐等森林の整備関係、②人材育成・担い手対策、③木材利用・普及啓発、④基金への全額積立等の選択肢のうち、① 53 %、② 13 %、③ 22 %、④ 38 %という回答であった（複数選択可）[20]。これらの ①から ③の選択肢はおおむね法律の規定に沿ったものであると思われる。また、④の選択肢において「等」の意味するところは不明であるが、「全額積立」が選択されてなお、他の事業を実施しているとは考えにくいため、④を選択した 666 自治体においては具体的な事業が実施されていないものと思われる。

　基金への積立については取組状況においてもさらに言及しており、譲与額

---

(19)　法律条文より引用（ただし、一部省略をしている）。なお、都道府県における使途は、区域内の市町村が実施する施策の支援、市町村が実施する ①に関する施策の円滑な実施に資するための施策、②に関する施策の 3 つとされている。

(20)　取組状況によると、①について、私有林人工林がある市町村に限れば 57 %となり、私有林人工林の 81 %をカバーするものとなっている。

約160億円のうち、この666自治体へ譲与されたのは約33億となっている（市町村への譲与額の20％）。また、基金の積立目的としては、①関係が468、②関係が12、③関係が201である。

これを、私有林人工林面積1,000haで区切ってみると、1,000ha以上の自治体でも258自治体（26％）、金額にして20億円が基金に積み立てられている。積立目的は、①関係235、②関係6、③関係27となっており、私有林人工林面積が比較的広く森林整備を実施しようとしているにもかかわらず譲与税を基金に積み立てている現状が見て取れる。どのような事情で積立が選択されたのかを更に分析し、森林環境譲与税の配分基準に問題がないか検証される必要があると思われる。

私有林人工林面積1,000ha未満の自治体では、その過半に相当する408自治体（54％）で全額積立が選択されており、金額では13億円（45％）に相当する。積立目的は、①関係233、②関係6、③関係174であった。私有林人工林面積が相対的に小さいことから、木材利用・普及啓発の事業のための全額積立が多くなっている一方、都市部などに期待されていると思われた人材育成・担い手対策のための積立事例は少ない。これは、すでに事業が実施されている可能性等もあるためここで一概には評価できないが、30％という人口による譲与税の配分が適正なものであるかどうかについて検討の余地を与える可能性もあると思われる。

取組状況においては、参考として2020年度の使途に関する検討状況の調査結果も掲載されているが、それによると、2020年度において全額積立等とした自治体数は320である（18％）。

全額積立を選択した自治体数も譲与税額も2019年度より減少しており、これには2020年度よりの制度変更を受けて譲与額が増加したことも影響している可能性もあるが、具体的な事業実施の段階へと移行しつつあることが

---

(21)　制度変更についての詳細は其田（2020）を参照されたい。

見て取れる[21]。積立目的は、①関係167団体、②関係2団体、③関係148団体のほか④に「その他」項目が設けられ、それが7団体となっている。

　私有林人工林面積の規模で分けると、1,000ha以上においては全額積立を実施する自治体は47団体（5%）とかなり少なくなるが、1,000ha未満の自治体においては減少したものの全額積立の団体は273団体（36%）で全額積立が選択されている。積立目的の選択肢として追加された④および②関係については、すべて1,000ha未満の市町村であり、このほか、①関係124団体、③関係143団体である。

　この全額積立の推移については、2019年度から継続したものであるか否かや、森林整備以外の事業では木材利用・普及啓発に偏った傾向があることなどについてさらに検討される必要があると思われる。

　取組状況において取りまとめられた2019年度の森林環境譲与税の使途は、図表5の通りである。これには注記があり、「市町村においては、複数の取組

図表5　市町村における2019年度森林環境譲与税の使途

項　　目			主な取組	金額
間伐等の森林整備関係（924市町村）				
	主な取組	意向調査、意向調査の準備等（701市町村）	意向調査実施面積：約12.5万ha	43億円
		間伐等の森林整備（359市町村）	森林整備面積：約5.9千ha（うち間伐面積：約3.6千ha）森林作業道の整備：約89千m林道・林業専用道の整備：約1千m	
人材の育成・担い手の確保関係（225市町村）			研修等の参加者数：約6.5千人	5億円
木材利用・普及啓発（390市町村）				
	主な取組	公共建築物等の木造化・木質化（189市町村）	木材利用量：5.4千㎥	17億円
		森林・林業・木材普及活動等（240市町村）	イベント、講習会等：約900回参加者等：約88千人	

（資料）取組状況。

を実施しているため項目毎の計は一致しない。また、本実績値には、森林環境譲与税と他の財源を組み合わせて行った事業の実施分も含まれている。市町村によって取組の内容は様々であり、『主な取組』欄の数値は、参考値として集計したものである」とある。

しかし、図表5の金額を合計すると65億円となるが、取組状況によれば、全額積立等を除いた譲与額は127億円となるため、全額が森林環境譲与税であったとしても半数近くの使途が不明な状態となっている。こうした事業実績に含まれていない森林環境譲与税の使途として想像できるのは、「全額」ではない形での基金積立であろう。基金の一部積立についても集計の上、公表する必要があると思われる。

(2) 事例による使途の検討

このほか、森林環境譲与税の使途をめぐっては、林野庁、総務省それぞれがウェブサイト上に「森林環境譲与税の取組事例集」を公開している（以下、「事例集」という）。これによると、事例を「森林整備」（78事例）、「人材育成」（17事例）、「自治体間連携、木材利用・普及啓発」（31事例）に分け、「森林整備」については、「間伐や路網整備等」（40事例）、「森林の集積・集約化」（38事例）に、「自治体間連携、木材利用・普及啓発」については、「自治体間連携」（9事例）、「木材利用・普及啓発」（22事例）に細分している。

これらの126事例がどのような経緯で掲載されることになったかは不明であるが、事例の区分については、取組状況と同様に法律の規定をある程度反映させようとしたものであると思われる。ただし、掲載事例を確認すればわかるとおり、各自治体においてこの区分に沿った使途のみに森林環境譲与税が充てられているわけではない。事例集に紹介されている事業費が、当該自治体の譲与額に占める比率にもばらつきが大きく、全額充当されているものから1％に満たないものまで幅広く紹介されている。

　紙幅の関係ですべての事業を取り上げることはできないが、事例集の内容についても若干確認しておこう。事例集の事業費をみると、掲載されている多くの事業においてその全額が森林環境譲与税により財源が調達され、実施されているものが多いことがわかる。

　まず「森林整備」のうち「間伐や路網整備等」をみると、取り上げられている 40 事例の過半において間伐が実施されている。これらの事例において公表されている間伐実施面積 1ha あたりの事業費を比較すると、20 万円台となっている事例が最も多いが、2,000 万円を超える事例も含まれている。これは、名称に「間伐」を含む事業であっても、その事業の範囲や実施方法等については自治体ごとに異なる可能性があること、同様の手法で同様に間伐を実施しようとする場合であっても対象とする森林の条件によって必要な事業費が大きく異なる可能性があることが考えられる。特に、後者の影響が大きい場合、単に私有林人工林面積等では把握できない財政需要が内在していることになり、今後の制度設計のためにも詳細に検討される必要があると思われる。

　次に、「森林整備」のうちの「森林の集約・集積化」の内容を確認しておこう。掲載事例をみると、ほとんどにおいて実施されたのは、森林管理に関する所有者の意向調査やその準備作業としての測量等である。掲載事例のうちその両方が実施されたのは 38 事例中 5 事例にとどまるが、このほか、測量等を行ったものが 2 事例、意向調査等を行ったものが 26 事例含まれていることが確認できる [22]。なお、先に触れた「間伐」に掲載されている 40 事例においてもそのうちの 11 事例において並行して意向調査が実施されている。

　実施面積の記載がある意向調査等において面積当たりの事業費をみると、「間伐」同様にばらつきが大きく、これも、自治体による事業の範囲や実施の手法の違い等により生じた事業費の差であると思われる。

---

(22)　意向調査等の事例には「意向調査準備」等としているものも含むため、実際にはここに測量等が含まれている可能性もあるものと思われる。

意向調査のような施策は、森林経営管理法に基づく施策の是非はともかくとしてもこれが確実に実施されなければ森林経営管理につながっていかない可能性が高い重要なものである。したがって、そこへの財政需要に応えられる制度が必要となるが、手法が確立されていないまたは、周知されていないことも考えられる。例えば、ある事例においては、意向調査とは別に意向調査準備として先進地視察を盛り込んでいるものも含まれている。

　次に、「人材育成」の 17 事例を概観する。これらは主として、小中学生に対する林業体験等の実施や、「森林アドバイザー」を養成する講座等の開催である。

　実施事業を概観すると、厳密に区分できるものばかりではないが、小中学生等を中心に森林や林業への関心を深めてもらうことに主眼を置いた事業、もう少し具体的に将来、森林や林業に携わる人材の育成・確保に関する事業、さらに、これから新規に起業しようとする人や現に林業等に従事する人に対する支援に大別できる。

　林野庁には地域林政アドバイザー制度があり、市町村や都道府県が、森林・林業に関して知識や経験を有する者を雇用する、あるいはそういった技術者が所属する法人等に事務を委託することを通じて、市町村の森林・林業行政の体制支援を図ることになっている。私有林人工林面積に関わらず、実施事業によって地域林政アドバイザーの要件を満たす人材が増加することによって森林環境保全や林業の活性化につながる可能性はあると思われる[23]。多くの大都市のように私有林人工林面積が大きくない自治体においては森林環境譲与税の使途として候補に挙がるべきものであると思われる。なお、この地域林政アドバイザーの雇用や委託については、特別交付税措置の対象となっ

---

(23)　地域林政アドバイザーの要件は、「森林総合監理士登録者又は林業普及指導員資格合格者（林業改良指導員及び林業専門技術員を含む）」、「技術士（森林部門）」、「林業技士」、「認定森林施業プランナー」、「地域に精通する方で、林野庁が実施する研修又はそれに準ずる研修を受講する者」となっている（林野庁ウェブサイト参照）。
(24)　林野庁ウェブサイト掲載の「地域林政アドバイザーの取組事例集」によれば、掲載の 9 事例のうち 8 事例が「アドバイザー経費の財源」について「特別交付税措置」としているが、1 事例においては「森林環境譲与税」としている。

ている[24]。

　事例集においては「森林整備」に分類される事例においても間伐や意向調査以外の事業に「専門員の雇用」を挙げている事例も紹介されている。この事例において専門員は、「森林状況の把握等、森林経営管理制度の円滑化に必要」な人材として雇用されており、大都市部等からこのような人材が多く確保されることにより、人口による森林環境譲与税の配分にも一定の根拠が与えられうると思われる。

　「自治体間連携、木材利用・普及啓発」のうち、前者の 9 事例では、うち 2 事例が複数の自治体による事業として紹介されているが、このほかにも「人材育成」の事例において複数の自治体による事業が紹介されている。

　連携先の自治体としては、同一都道府県内や河川の流域によるつながり、さらに、友好都市等のつながりによって事業を展開している。連携による事業は、林業体験や児童生徒による植林等の作業、隣接する自治体が連携して森林整備の全体構想を策定するもの、林業が盛んな地域の木材や木製品を都市的な地域において利用することによって木材利用や普及啓発を図るもの等が行われている。

　ここでは、特別区の事例が 3 事例紹介されているが、いずれにおいても、区内で排出される CO_2 の一部を森林整備による CO_2 吸収量によって相殺する取組が紹介されているのが特徴的である。このような事業の展開も都市部に対して森林環境譲与税が配分されることを正当化する根拠とされている可能性はある。

　後者の木材利用・普及啓発で紹介された 22 事例では、イベントの実施、木製品を利用した記念品等の贈呈、公共施設における木材利用の推進などが挙げられている。これらの使途については、森林経営管理法に基づく施策に直接用いられるというよりは、産出されることになった木材を利活用することが主な目的となる事業が多くなる。したがって、都市部における森林環境譲与税の使途として活用されることが想定できる事業ではあるものの、森林

経営管理法との関係でいえば間接的なものであり、森林経営管理の結果として木材の産出が活発化した際により効果を発揮する事業であると思われる。

　次節では、事例集で取り上げられたものも含めて本章で取り上げる大都市において森林環境譲与税がどのような事業に用いられたのか、さらに検討を加えていく。

4　結びにかえて

(1) 大都市における使途

　取組状況においても、個別の事例について若干紹介されているが、ほぼ事例集のものと重複している[25]。取組状況・事例集において取り上げられた大都市に関する事例は、11事例である。事例集の区分に従えば、これらは「森林整備」2事例（うち「間伐や路網整備等」1事例（神戸市）、「森林の集約・集積化」1事例（浜松市））、「人材育成」2事例（仙台市、港区）、「自治体間連携、木材利用・普及啓発」7事例（うち「自治体間連携」4事例（さいたま市、千代田区、新宿区、豊島区）、「木材利用・普及啓発」3事例（川崎市、名古屋市、大阪市））である。

　ここでは、事例集記載の大都市を中心に森林環境譲与税の使途を明らかにして大都市における森林環境譲与税の課題を明らかにするとともに、森林環境税・森林環境譲与税全般の課題にも焦点を当てることとしたい。

　まず、森林整備の事例についてである。事例集で取り上げられた神戸市（私有林人工林面積1,118ha）においては、森林整備実施計画を策定のための費用として9,339千円（全額譲与税）、こうべ都市山再生事業（保安林指定森林等の私有林整備により森林の山地災害防止機能を高める）に26,445千円（全額譲与税）、神戸市里山整備支援事業（竹林や雑木林などの森林整備や獣害対策に取り組む地元団体に対し活動費等を補助）に8,030千円（全額譲与税）がそれぞれ掲載されている。事例集によればここでの間伐実施面積は4.2haとあるが、これには2.2haの竹林整備を含んでいる。このほか、発生材のストックヤード整備等の事業

に支出したほか、基金に 7,300 千円積み立てている⁽²⁶⁾。

　浜松市（私有林民有林面積 121,348ha）では、森林経営管理事業（森林所有者への意向調査等）に 14,278 千円（全額譲与税）、森林環境教育推進事業（幅広い森林環境教育の受入態勢整備）に 1,960 千円（全額譲与税）が掲載されている。ただし、浜松市のウェブサイトを確認すると、「森林経営管理推進事業」として 46,616 千円が充当されており、その一部としての意向確認等が掲載されていると思われる。このほか、森林活用等都市間連携事業に 2,130 千円、FSC 認証材利用拡大推進事業に 6,788 千円等が充当され、基金には 31,887 千円の積立となっている。

　次に、人材育成の事例を確認しておこう。仙台市（私有林人工林面積 5,392ha）においては、森林アドバイザー養成講座（林業事業体等が講師となり森林内での作業実習や海外防災復旧の視察等により広く森林・林業に係る知識を取得できる講座を実施）に 853 千円（全額譲与税）が掲載されている。仙台市においては、このほか林道の改良・修繕に 30,648 千円（全額譲与税）等の事業に充当されているほか、繰越明許費として 24,090 千円が計上され森林振興に要する経費に充当されることとなっている。

　港区（私有林人工林面積ゼロ）では、みなとモデル森林整備促進（二酸化炭素固定認証制度、テナント店舗等の木質化モデル創出事業、アドバイザー機能の活用）に 9,584 千円（事業費は 40,353 千円、この事業に譲与税全額を充当している）が掲載されている。港区によってウェブサイト上に公開されているものを見ても事業の経費内訳等は不明であるが、人材育成に関しては、木質化アドバイザーを設置し、事例の紹介や木材製品の提案などを実施している。

　木材利用・普及啓発のうち、前者として、さいたま市（私有林人工林面積 13ha）では、上流域自治体である飯能市とのイベント協働出展に 100 千円（全額譲与税）充当された事例が掲載されている。同市では、このほか、森林環境

---

(26)　基金については、次項において取り上げるため名称等は割愛する。

整備計画現況調査業務に 1,353 千円、児童センター中規模修繕工事に 4,887 千円の森林環境譲与税が充当されるなどしており、基金積立は 37,706 千円となっている。

　千代田区（私有林人工林面積ゼロ）では、地方との連携による森林整備事業（岐阜県高山市と群馬県嬬恋村を連携先とし、区が連携先の間伐等に協力することによるカーボンオフセット）に 951 千円充当された事例が掲載されている。これによって、16.95ha の間伐、0.07ha の造林を実施したという。千代田区のウェブサイトを参照してもこれ以外の事業等は見当たらないが、「なお、令和元年度に活用できなかった分については、令和 2 年度以降に活用します。」との文言が確認できる。新宿区（私有林人工林面積ゼロ）においてもカーボンオフセット事業が実施され、12,803 千円の森林環境譲与税が充当されている（事業費は 21,388 千円）。これにより、間伐 26.18ha 等が実施された。豊島区（私有林人工林面積ゼロ）でも森林整備事業として 2,001 千円（事業費は 3,850 千円）の森林環境譲与税が充当されているが、これは秩父市との連携事業である。豊島区ではこれ以外の財源を基金積立としている。

　後者の普及啓発の事例について川崎市（私有林人工林面積 15ha）では、公共推進業務委託（中原区役所 1 階総合案内等を木質化）に 8,000 千円（全額譲与税）、木材補助金交付事業（民間建築物の木材利用に対して補助）に 5,000 千円（全額譲与税）、川崎駅前優しい木のひろば（普及促進イベント）に 1,000 千円（全額譲与税）の森林環境譲与税を用いた事業が掲載されている。このほか、このほか、意向調査に 6,542 千円などを用いるなどして、基金等への積立は行われていない。

　名古屋市（私有林人工林面積 156ha）では、森林プロジェクト（名古屋市民を中心に設楽町内の森林をフィールドとして森林管理の現状と課題解決に向けた仕組みについて検討する）に 2,447 千円（全額譲与税）を実施、森林整備関連共育講座（環境講座の実施）に 2,553 千円（事業費は 2,852 千円）の充当事業が掲載されている [27]。このほか、同市では、植林地育成事業（間伐や危険木等の除去・処分）に

28,589千円、せん定枝リサイクル（チップ化し木質バイオマス資源として再利用）に46,341千円を充当するなどして基金積立は実施していない。

大阪市（私有林人工林面積ゼロ）では、公立保育所等木製製品の整備促進事業（遊具・玩具家具等について国産木材を使用した製品を整備）に27,206千円（事業費は27,548千円）充当された事例が掲載されている[28]。このほか、大阪市では、国産木材を活用した小中学校等における机・椅子整備事業に47,960千円（事業費は56,870千円）を充当するなどし、基金積立は実施していない。

事例集に掲載された大都市における森林環境譲与税の使途をみると、浜松市のように一定規模の私有林人工林面積を有する自治体においては、意向調査等の森林経営管理法に基づく事業への充当が見受けられるものの、他の自治体と連携して実施する森林環境整備や環境教育の推進のほか、木材利用の促進として施設の木質化や木材製品の導入事業が中心になっていることがわかる。

(2) 大都市における基金積立の現状

次に、取組状況においては基金への全額積立が取り上げられていたが、大都市における基金への積立状況を確認する（図表6参照）[29]。図表6は、各自治体のウェブサイトにおいて森林環境譲与税の使途を公表しているページの情報により作成している。千代田区において「不明」としたのは、先述のとおり、次年度以降に活用する旨が記載されているものの具体的な方法が示されていないため、杉並区において積立額を「不明」としたのは、杉並区ウェブサイトにおいて、森林環境譲与税の使途を公表していると思われるページ

---

(27) 名古屋市ウェブサイトにおいては、設楽町における現状把握、ワークショップの開催に5,800千円の森林環境譲与税がじゅうとうされている旨の記載となっている。
(28) 大阪府ウェブサイトによると、27,206千円の森林環境譲与税が充当された公立保育所等木製製品の整備促進事業の事業費は、369,466千円となっている。
(29) 基金名について冒頭に自治体名が入っている場合省略している。

図表6　大都市における森林環境譲与税の基金積立状況

政令市	基金名	積立額	比率	特別区	基金名	積立額	比率
札幌市	まちづくり推進基金	3,867	4.1%	千代田区	不明	不明	―
仙台市	―	0	0%	中央区	―	0	0%
さいたま市	森林環境整備基金	37,706	77.7%	港区	―	0	0%
千葉市	地球環境保全基金（森林環境譲与税）	35,839	88.2%	新宿区	―	0	0%
横浜市	学校施設整備基金（校内の内装木質化）	142,095	100%	文京区	―	0	0%
川崎市	―	0	0%	台東区	森林環境基金	7,676	100%
相模原市	―	0	0%	墨田区	―	0	0%
新潟市	森林環境譲与税活用基金	26,482	74.1%	江東区	―	0	0%
静岡市	―	0	0%	品川区	―	0	0%
浜松市	森林環境基金	31,887	26.3%	目黒区	―	0	0%
名古屋市	―	0	0%	大田区	―	0	0%
京都市	森林経営管理基金	54,094	56.2%	世田谷区	―	0	0%
大阪市	―	0	0%	渋谷区	―	0	0%
堺市	緑の保全基金への積立（木質化）	32,169	100%	中野区	環境基金	9,662	76.4%
神戸市	森林環境整備基金	7,300	11.7%	杉並区	森林環境譲与税基金	不明	―
岡山市	―	0	0%	豊島区	義務教育施設整備基金	9,240	82.2%
広島市	―	0	0%	北区	―	0	0%
北九州市	―	0	0%	荒川区	―	0	0%
福岡市	―	0	0%	板橋区	森林環境譲与税基金	19,287	90.9%
熊本市	（2020年度設置予定）	5,760	13.6%	練馬区	―	0	0.0%
				足立区	―	0	0.0%
				葛飾区	―	0	0.0%
				江戸川区	―	0	0.0%

（資料）各自治体ウェブサイトより作成。

が見当たらなかったが、基金設立に関する条例案が議会に提示されており、基金の存在は確認できたためである。また、仙台市においては、基金積立を行わず、繰越明許費として処理されている。

私有林人工林面積がすべてゼロである特別区において基金積立が実施された事例が５区のみとなっており、その他においては森林環境譲与税が当該年度の事業に充当されていることが確認された[30]。この点、多くの事例で「木材利用」として小中学校の校舎改修などに際して森林環境譲与税を活用している事例である。たとえば、「学校統合による新校舎建設に伴う建設資材の一部として木材を使用」（墨田区）、「小学校改築事業の木質化にかかる経費に充当」（江東区）、「小学校改築」（品川区）、「中学校等複合施設整備事業」（北区）等である。このほかにも、木製の備品購入等にあてられている事例なども見受けられる。

これらの事業が森林・林業に果たす役割を全否定できるものではないが、あえてコストのかかる木質化や木製製品を導入することよって、森林経営管理の観点から見た人材育成や普及啓発につながるかについては未知数であると思われる。

基金積立に関しても、使途を特定し資金を管理するという観点からは、森林環境譲与税以外の財源によっても造成される基金への積立は、森林経営管理を使途とする寄付などを除いては慎重である必要があると思われる。

しかし、図表６をみると、まちづくり推進や学校施設整備に関する基金に積み立てられている事例も明らかになった。この場合、基金の内部で使途を厳密に取り扱う必要があると思われる。特に、一度、基金積立された森林環境譲与税が後年度施設整備等に拠出される場合、拠出された原資がわかりにくくなり本来の目的からさらに乖離する結果を招きかねないと思われる。

特に、譲与額が最も多い横浜市においては、517.19ha の私有林民有林面積を有するにもかかわらず、全額が学校施設整備基金に積み立てられている。

---

(30)　千代田区を除けば、繰越等も実施されていないと思われる。

これは、2022年度以降に300校以上の建て替えを行うにあたりその内装木質化に充てるため全額を積み立てつつ事業実施に応じて基金から繰り出すこととしているようである。

　本来は、優先的に横浜市の私有林人工林に対する施策のために用いられるべきものであるとも思われるが、従前の財源として存在する「横浜みどり税」との関係なども整理しわかりやすく公表する必要があると思われる。

(3) 森林環境譲与税における制度設計上の課題

　法律第34条第3項には「市町村及び都道府県の長は、地方自治法第233条第3項の規定により決算を議会の認定に付したときは、遅滞なく、森林環境譲与税の使途に関する事項について、インターネットの利用その他適切な方法により公表しなければならない」と定められている。他の地方譲与税には見られない森林環境譲与税独自の規定であると思われるが、公表すべき内容等について、施行規則等を含めても具体的に定めてはいない。

　このため、公表の仕方も自治体ごとにまちまちであり、都道府県が取りまとめている事例も見受けられるようである。

　本章では、大都市における使途の公表を中心に検討を行ったが、大都市においては、森林経営管理というよりは、木材利用などに重点の置かれた事業が展開されていることが明らかになった。

　一方で、本章で詳細には検討できなかったものの、意向調査や間伐にあたって事業費に差異が大きくなっていることも確認された。これについては、使途の公表のあり方において一定の基準を設けるなどして事業ごとの比較が可能となることが望ましいと思われる。

　特に意向調査については森林経営管理法に規定された事業を実施するにあたって基本的な事項であるため、所有者の調査なども含めて優先的に実施される必要があるが、森林環境譲与税による使途制限ではその優先順位は明確

になっていない。事業ごとの比較によって、所有者の調査、意向確認、境界画定などについては、おおよその必要経費が具体的に示されるようになる可能性があると思われ、これらについては、譲与税による財源調達ではなく、特定補助金または特定補助金と普通交付税の組み合わせにより財源保障されることが望ましい。

　森林整備に関しては、大都市と森林が多い自治体との連携によって実施されている事例が見受けられた。この点、積極的に評価すべきであると思われる一方で、友好都市などの従来からのつながりによる連携が、全国的な森林経営管理との関係で効率的であるかどうかの検討も必要であると思われる。

　人材育成に関して、人口が多い大都市だからといって森林環境譲与税を用いて積極的に実施されているわけではないことが確認された。この点、大都市部において人材育成を積極的に実施するインセンティブを与える方法も考えられるが、そもそも、人口による譲与基準の再検討も避けて通れないのではないかと思われる。

　国民全体に対して負担分任を求め財源調達することの是非については十分に論じられなかったが、このようないわゆる国版の住民税均等割である森林環境税を課するのであれば、具体的に森林経営管理法の施策を推進するための財源調達については、必要な財源を森林が存する自治体に直接保障するほうが望ましく、他の環境保全活動等とは区分する必要があると思われる。

第5章

国税・森林環境税の導入による
府県・森林環境税への影響について

清水　雅貴

はじめに

　2019年4月より、「森林環境税及び森林環境譲与税に関する法律」(以下、「国税・森林環境税」) が施行された。国税・森林環境税の制度枠組みは図表1に示すとおり、はじめに、個人住民税均等割の枠組みを利用した森林環境税として年額1000円を課税し、税収は一旦、国の交付税及び譲与税配布金特別会計へと繰り入れられる。その後、それらの財源は森林環境譲与税として都道府県及び市町村に交付、配分される。ただし、森林環境税については、復興特別税住民税上乗せ分(年額1000円)の課税が終了する翌年である2024年度から導入される。一方で、森林環境譲与税は2019年度より開始され、図表2のとおり、2024年度までは地方公共団体金融機構の公庫債権金利変動準備金を活用して財源を確保して[1] 都道府県、市町村へ交付、配分される。

---

(1) 当初は2024年度の森林環境税導入まで、譲与税配布金特別会計における借入金で財源を確保する予定であったが、借入金は初年度のみに限られ、それ以降は地方公共団体金融機構準備金が活用されている。そして、初年度の借入金も地方公共団体金融機構準備金により償還された。

そして、都道府県へ交付される森林環境譲与税の使途については、当初は市町村への支援が主要事業として想定されていた。

　国税・森林環境税のような、新税による森林保全に関わる財源調達手段の確立は、すでに1980年代中盤から、林野庁による水源税構想とその頓挫を端緒として長らく議論されてきた。また、地方においても1990年代から森林交付税構想など国への要望が長らく続けられてきた[2]。

　他方で、2000年代には地方課税自主権の拡大機運から地方森林環境税の導入が全国府県において実現してきた（以下、「府県・森林環境税」）。2003年4月に高知県が森林環境税を全国で初めて導入して以降、2021年4月時点で37府県において府県・森林環境税が導入されており、図表3に示すとおり、森林または水源環境に資するための政策に、自主財源の確保と支出事業がおこなわれている。この地方独自の税は、課税を行うすべての府県で、住民税超過課税方式を採用していることが特徴となっている。住民税超過課税方式は、2000年の地方分権一括法施行による法定外普通税・目的税の適用条件緩和とともに、地方分権を意識した税制リフォームの一環として、1998年度税制改正における「市町村民税均等割・所得割制限税率の廃止」、2004年度税制改正における「超過課税の制約の緩和」、などの措置により適用条件が緩和された。ここで注目する住民税の超過課税は、府県・森林環境税としての導入以前においても少なからず運用されてきた。しかし、それまでは、超過課税を実施するためには事実上、厳しい制限が設けられていた。これが前述した適用条件の緩和により、地方自治体による政策税制として超過課税が実現したのである。

　本来、住民税は普通税であることから、税収使途を特定しないで徴収される税金である。そのため、住民税収は一般会計に組み入れられ、通常、使途が限定されない財源として理解されている。しかし、府県・森林環境税によ

---

(2) 国税・森林環境税および譲与税制度の概要、ならびに、森林交付税構想に関する詳しくは、第2章（飛田）を参照されたい。

る住民税の超過課税の場合は、その超過課税収分と同等額を一般会計から基金や特別会計に繰り入れることで、森林保全や水源涵養に関する事業のみに支出することができるように仕組まれた。このことから、府県・森林環境税は使途を特定して徴収される租税のように、つまり、目的税的に運用されている[3]点で特徴を有している。他方で、このことを歳出の側面から見ると、府県・森林環境税を導入した各府県における税収は各府県の支出事業として、森林・水源環境の保全再生事業などに使い道を特定して事業が執行されていることになる。

　このようにすでに多数の府県で府県・森林環境税が施行、浸透してきた状況下で、一見して目的が同じであると受け止められそうな国税・森林環境税が導入されたことから、国税・森林環境税と府県・森林環境税との間に税収使途の重複はないのか、または、どのように使途が異なるのかといった疑問が惹起される。

　そこで本章では、これまでに37府県において住民税超過課税方式を採用して、主に森林や水源の環境保全を目的に導入されてきた府県・森林環境税と、新たに導入された国税・森林環境税との関係性について着目して検証を試みたい。

　国税・森林環境税の導入は、租税理論の側面からはすでに府県・森林環境税と納税義務者が重なる個人住民税を標準とした課税ということで、「二重課

---

(3) 府県・森林環境税の目的税的運用に関する整理を環境税としての理論的根拠に基づいて位置付けた場合、森林環境税がインセンティブ課税ではないことから、厳密な意味で環境税ではない点、さらに、財源調達手段であったとしても、実際の税制が森林・水源環境保全・再生に必要な費用をすべて調達できるものではないといったことが問題として挙げられる（インセンティブ課税ではないことは国税・森林環境税についても同様に指摘できる）。この点について、諸富(2005)は「参加型税制」の理念を導入することによって最終的に府県・森林環境税の存立根拠が正当化されうるとしている。参加型税制については、植田(2003)が、「地方環境税が環境資産と地域経済の持続可能な関係を再生するための税であるとするならば、税制の設計から執行及び運用は、地域環境経済の再生プランと連動していなければならない。（中略）そのためには、この地方環境税は参加型税制を体現するものでなければならない。」と理念を提唱している。つまり、参加型税制を採用する森林・水源環境税は、普通税である住民税に超過課税することは、住民による森林環境保全への積極的な判断によって目的税的な性格を持たせること、そして、住民の森林環境保全への関心を喚起することで、地方環境税としての存在理由を示したことになる。また、金澤(2007)は、参加型税制を「むしろ導入後において、現実の施策展開のなかで、所期の目的が十分に達成されているかどうか、住民の強い関心が注がれることになる。」とし、税制導入後に政策目的が十分に達成されているかどうかを検討するモニタリング作業への参画についても参加型税制の役割であることをあきらかにしている。

税」ではないか、または、国税が「屋上屋を架す」[4]といった懸念や議論が起こっている。これらの懸念を考えるためには課税根拠等について検証が重要であるとともに、府県が当事者として府県・国税両方の財源をどのように活用するのかについて、つまり、それぞれの財源の使途について明確な線引きをしていく状況をつぶさに観察する必要がある。この点について、やや拙速ではあるが現時点での結論に言及すれば、国税・森林環境税と府県・森林環境税は「すみわけ」できるといった解釈が府県・森林環境税を導入している府県には広まっており、「線引きができる」、「線引きをした」といった表明のもと2019年度より各事業を開始している。本章ではこのような現状を明らかにしながら、今後の都道府県レベルにおける国税・森林環境税の存在意義や課題について論じていきたい。

図表1　森林環境税及び森林環境譲与税（国税・森林環境税）の制度設計イメージ

令和6年度から施行 　国　**令和元年度から施行**

交　付　税　及　び　譲　与　税　配　付　金　特　別　会　計

都　道　府　県

市　町　村

森林環境譲与税
私有林人工林面積（林野率により補正）、林業就業者数、人口により按分

都　道　府　県
● 市町村の支援
インターネットの利用等により使途を公表

市　町　村
● 間伐（境界測定、路網の整備を含む）
● 人材育成・担い手確保
● 木材利用促進、普及啓発
インターネットの利用等により使途を公表

国税　森林環境税　1,000円/年（賦課徴収は市町村が行う）
個人住民税均等割　道府県民税　1,000円/年
市町村民税　3,000円/年
注：一部の団体においては超過課税が実施されている。

賦課決定

納　税　義　務　者
約6,200万人

公　益　的　機　能　の　発　揮
地球温暖化防止機能　災害防止・国土保全機能　水源涵養機能　等

（資料）林野庁ホームページ（森林環境税及び森林環境譲与税）より転載。

---

(4) 租税理論としての国税・森林環境税への批判的検討については、第1章（青木）と渋谷（2019）を参照されたい。他方で石田（2018）は府県・森林環境税は住民参加型を導入理由にしたが、租税論的文脈としては住民税均等割を政策的に利用したとする一方で、国税・森林環境税は、税負担の根拠は国民一人一人が広く等しく負担を分任するのであり、理にかなっていると積極的に評価しているが、本章の論旨とは異なる立場にあることを表明せざるをえない。

図表 2　森林環境譲与税の譲与額と市町村及び都道府県に対する譲与割合及び譲与基準

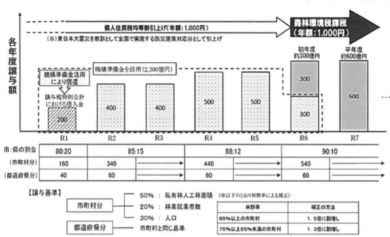

（資料）林野庁ホームページ（森林環境税及び森林環境譲与税）より転載。

図表 3　府県・森林環境税の一般的な制度設計イメージ

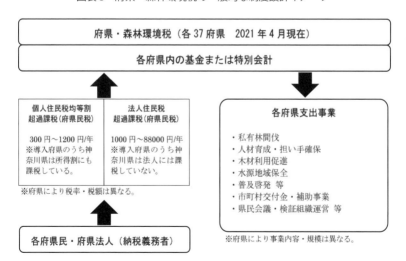

（資料）筆者作成。

1　都道府県における国税・森林環境税の譲与額と
府県・森林環境税の状況について

　国税・森林環境税における森林環境譲与税の譲与基準率（配分額）は、**図表2**のとおり、毎年度の財源（税収）規模と、都道府県、市町村間における配分比率の変化によって決められる。毎年度の財源（税収）規模は、初年度から5年度目までは地方公共団体金融機構準備金活用により200億円から500億円へ、6年度目以降は年600億円へと段階的に増加する構造となっている。また、都道府県への配分総額は市町村分との配分比率が細かく決められており、市町村対都道府県で、初年度80対20から6年度目以降90対10へと細かく変化する。しかしながら、これらの配分比率で算出された都道府県への配分総額を金額ベースでみると明快で、初年度が総額約40億円、2年度目以降は単年度総額約60億円で推移することになる。そして、各都道府県への配分については、これも決められた譲与基準に従って配分されることになる。各都道府県への譲与基準については、①配分総額の50％を都道府県別私有林人工林面積により配分（ただし林野率による補正がある）、②20％を都道府県別林業就業者数により配分、③30％を都道府県別人口により配分、としている。①の林野率による補正については、林野率が75％以上85％未満の都道府県については私有林人工林面積に1.3を乗じた面積を、林野率が85％以上の都道府県については私有林人工林面積に1.5を乗じた面積を計上して補正するものである。この補正について都道府県レベルにおいては、林野率が75％以上85％未満の都道府県は10県存在したが、林野率85％以上の都道府県は存在しなかった。

　以上の基準から総務省が森林環境譲与税の譲与基準率算出し、各都道府県

別の配分額を示したものが、**図表 4** のとおり、国税・森林環境税の都道府県別譲与額である。2 年度目以降の配分総額 60 億円でみていくと、都道府県で配分額の最高は北海道で約 4 億 6 千万円（林野率 [5] 70％）で、最低は香川県で約 2 千 4 百万円（林野率 47％）となった。そのほか、例えば、埼玉県（約 1 億 3 千万円、林野率 32％）、千葉県（約 1 億 3 千万円、林野率 31％）、東京都（約 2 億 2 千万円、林野率 35％）、大阪府（1 億 4 千万円、林野率 30％）のように、林野率が比較的低い（森林が少ない）にもかかわらず人口が多いために配分が多くなった都府県があった [6]。

　また、同じく図表 4 で示した、府県・森林環境税の実施状況には、府県・森林環境税を導入している 37 府県による年間税収を一覧している。これらと国税・森林環境税の譲与額とを各府県別に比較すると、府県・森林環境税を導入する府県のうち、高知県を除いたすべての府県で、国税・森林環境税の譲与額（2 年度目以降）が府県・森林環境税年間税収の最小で約 4％（神奈川県）から 56％（宮崎県）程度にしか達していないことがわかる [7]。

　ここまで、国税・森林環境税の制度枠組みについて概観し、続いて森林環境譲与税における各都道府県への配分額について試算してきた。国税・森林環境税における都道府県の役割は、当初から「森林整備を実施する市町村の支援等」と位置付けられている。そして、試算による各都道府県への譲与額からみても、国税・森林環境税が、それぞれの府県・森林環境税で実施してきた各支出事業をすべて代替できるものではないと考えられる。そしてこのことを間違いを恐れず換言すれば、府県・森林環境税を導入している府県にしてみれば、国税・森林環境税の譲与額は決して小さくない貴重な財源では

---

(5) 林野率は農林水産省『農林業センサス 2015』及び『農林業センサス 2020』を参照した。
(6) 各都道府県への譲与税配分については、第 3 章（吉弘）で論じられた市町村への配分ほど人口基準による過度な偏在は認められなかったが、それでも少なからず影響しており、東京都、神奈川県、大阪府、愛知県など大都市を擁する都道府県への譲与額増加に人口基準が寄与していることに変わりはない。
(7) 石崎（2019）は国税・森林環境税とその譲与額について、支出規模の小ささに対してアンバランスとも思えるような注目度の高さと期待感の変動が昨今の森林分野を特色づけていると論じている。

図表4　府県・森林環境税の実施状況と国税・森林環境税の譲与額

	府県・森林環境税			国税・森林環境（譲与）税	
	住民税超過課税方式		年間税収（百万円）	初年度（百万円）	2年度目以降（百万円）
	個人超過課税額	法人超過課税額			
北海道	-	-	-	307	460
青森県	-	-	-	67	100
岩手県	1,000円	2,000円～80,000円	740	122	184
宮城県	1,200円	2,000円～80,000円	1,640	70	105
秋田県	800円	1,600円～64,000円	460	99	149
山形県	1,000円	2,000円～80,000円	660	54	81
福島県	1,000円	2,000円～80,000円	1,120	96	144
茨城県	1,000円	2,000円～80,000円	1,750	60	90
栃木県	700円	1,400円～56,000円	840	64	96
群馬県	700円	1,400円～56,000円	830	65	97
埼玉県	-	-	-	89	134
千葉県	-	-	-	78	117
東京都	-	-	-	144	216
神奈川県	300円＋所得割0.03%	-	3,890	97	146
新潟県	-	-	-	71	106
富山県	500円	1,000円～80,000円	370	26	39
石川県	500円	1,000円～40,000円	370	42	63
福井県	-	-	-	45	67
山梨県	500円	1,000円～40,000円	270	42	62
長野県	500円	1,000円～40,000円	670	124	186
岐阜県	1,000円	2,000円～80,000円	1,200	137	205
静岡県	400円	1,000円～40,000円	980	120	180
愛知県	500円	1,000円～40,000円	2,240	120	180
三重県	1,000円	2,000円～80,000円	1,050	96	143
滋賀県	800円	2,200円～88,000円	700	35	53
京都府	600円	-	680	70	105
大阪府	300円		1,130	96	143
兵庫県	800円	2,000円～80,000円	2,450	125	188
奈良県	500円	1,000円～40,000円	370	81	122
和歌山県	500円	1,000円～40,000円	270	96	144
鳥取県	500円	1,000円～40,000円	180	46	70
島根県	500円	1,000円～40,000円	210	69	104
岡山県	500円	1,000円～40,000円	550	79	118
広島県	500円	1,000円～40,000円	840	85	127
山口県	500円	1,000円～40,000円	400	72	108
徳島県	-	-	-	79	118
香川県	-	-	-	16	24
愛媛県	700円	1,400円～56,000円	540	94	142
高知県	500円	500円	170	142	214
福岡県	500円	1,000円～40,000円	1,370	91	136
佐賀県	500円	1,000円～40,000円	240	28	42
長崎県	500円	1,000円～40,000円	380	40	61
熊本県	500円	1,000円～40,000円	490	109	164
大分県	500円	1,000円～40,000円	330	91	137
宮崎県	500円	1,000円～40,000円	310	115	173
鹿児島県	500円	1,000円～40,000円	440	88	132
沖縄県	-	-	-	17	25
計			31,130	4,000	6,000

（資料）府県・森林環境税は総務省「森林吸収源対策税制に関する検討会」資料より作成。国税・森林環境税譲与額は総務省ホームページ（森林環境税及び森林環境譲与税について「令和元年度における譲与額」「令和2年度における譲与額」）より作成。

あるものの、実際には規模としても、使い道としても、府県・森林環境税を凌ぐようなものではないといった認識が広がっており、国税と府県の森林環境税を並存させるといった判断を誘引させているのではないかと推察する[8]。

　しかしながら、国税と府県の森林環境税を並存させるためには、次で論じるとおり、国税・森林環境税の使途が森林整備に関わる事業だけでなく、最終的に木材利用促進や普及啓発にまで拡大したことにより、府県・森林環境税の支出事業メニューとの重複を回避するための理由付けが必要になってきた。そして、各府県が「すみわけ」というキーワードを使って府県・森林環境税と国税・森林環境税との「線引き」をおこなっている。

---

[8] そのほか、全国知事会（2017）『平成 30 年度国の施策並びに予算に関する提案・要望』において、「（前略）森林環境税（仮称）の使途については、地方の意見を踏まえて、都道府県を中心として独自に課税している森林環境税等への影響が生じないようにしっかりと調整すること。」と要望があり、国税・府県の並存は既定路線とする動きも見て取れる。

2　国税・森林環境税の使途拡大と
　　　府県・森林環境税による対応

　国税・森林環境税の成立の過程では、初期の検討段階においては地球温暖化防止森林吸収源対策が主たる政策目標とされ、主に森林整備等に要する費用を国民全体で負担する措置等の新たな仕組みの導入を目指した⁽⁹⁾。具体的な手段の検討は、総務省森林吸収源対策税制に関する検討会（2017 年 4 月から 11 月まで開催、以下、検討会）において議論された⁽¹⁰⁾。図表 5 は検討会において提示された、新たな仕組みの対象となる森林のイメージである。当初は「③制度、財源措置が未整備」といった、まったく新しい森林整備需要を賄うための財源、使途対象とした制度を前提として議論されていった。これは国税・森林環境税と同時期に成立した森林経営管理法に基づき、所有権と経営が分離可能になったことが大きく関係している。当初は、所有者不明森林への公的介入と整備の開始による新しい森林整備需要を賄うための財源調達手段として、国税・森林環境税の税収が期待されていた。しかし、第 3 回検討会の議事概要を見ると「都市部の住民や団体に理解を得ようとすれば、使途を拡げることもポイントとなるが、拡げすぎれば、税収を増やさなければ機能しなくなる（後略）」や、「市町村の体制や能力は様々であるから、人材育成、環境教育のようなもの等、少しメニューを増やしておいて、段階的に間伐に集中してもらうという感じにする等、ある程度使途の多様化は必要ではないか」といった、使途の拡大に向けた意見もすでに提示されている。

---

(9) 森林吸収源対策としての財源確保の必要性は平成 25 年度以降の与党税制改正大綱から具体的に提示された。国税・森林環境税創設にいたる国の動向については第 2 章（飛田）を参照されたい。
(10) 総務省森林吸収源対策税制に関する検討会における議論の詳細については第 2 章（飛田）を参照されたい。

　そして、報告書の段階になると「森林環境税（仮称）を広く都市部の住民からも負担を求めることに鑑みれば、都市部の住民からの理解を得るために、木材利用の拡大や森林環境教育、普及啓発といった都市部にも存在する需要についても、森林環境譲与税（仮称）の使途の対象の一部に加えることも検討されるべき」として、木材利用促進や普及啓発といった、森林吸収源対策とは直接関係の薄い事業であり、さらに、府県・森林環境税のなかですでに実施されている可能性のある事業にも使途拡大を認める余地を残した提言がされた。

　このような検討を経て、成立した国税・森林環境税の使途は、市町村においては「間伐や人材育成・担い手の確保、木材利用の促進や普及啓発等の森林整備及びその促進に関する費用」、都道府県においては「森林整備を実施する市町村の支援等に関する費用」とされた。これらの使途の拡大は先にも述べたとおり、府県・森林環境税の支出事業メニューとの重複の可能性を発生

図表 5　総務省森林吸収源対策税制に関する検討会「新たな仕組みの対象となる森林のイメージ」

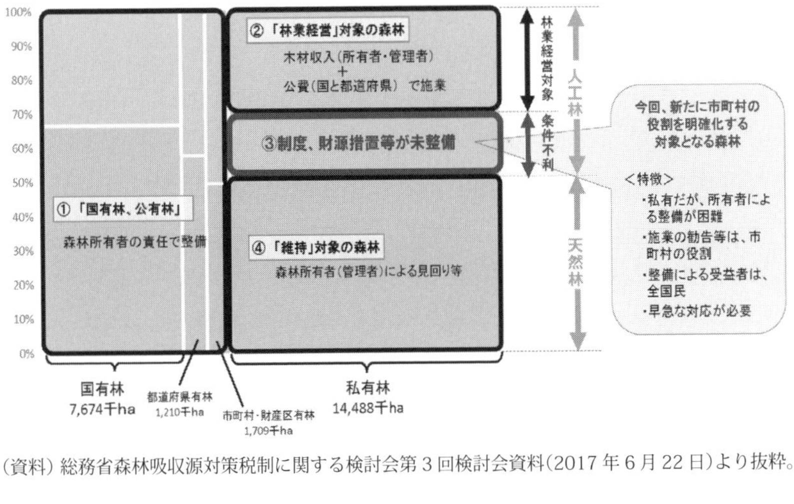

（資料）総務省森林吸収源対策税制に関する検討会第 3 回検討会資料（2017 年 6 月 22 日）より抜粋。

させ、それを回避する必要が出てきた[11]。

（参考）「森林吸収源対策税制に関する検討会報告書」（抜粋）

（使途）

　新たな森林管理システムの下で、森林が所在する市町村にあっては、
・所有者による自発的な施業が見込めない私有林人工林において、所有者から委託を受けて市町村が行う間伐とこれに伴う作業道等の整備
・間伐等を行うに当たって事前に必要となる土地所有者情報の確認、境界画定、意向調査等に要する費用が、追加的に必要となる。また、市町村によって事業の実施体制や地域資源の状況等は様々であり、
・職員研修などの人材育成、外部人材の登用や担い手の就業支援といった担い手確保
・市町村とともに地域の森林資源を整備するにあたって中核となる事業体等への支援
・所有者による自発的な整備が行われない天然林等の整備等についても、公益上の観点から取り組む必要がある市町村もあると見込まれる。
　以上を踏まえると、森林環境譲与税（仮称）は、新たな森林管理システムが導入されることを契機として、森林が所在する市町村が森林現場においてそれぞれの地域におけるニーズに対応するために行う森林整備に関する施策及びその施策を担う人材の育成・確保に関する費用等に充てられるべきものと考えられる。
　一方で、森林環境税（仮称）を広く都市部の住民からも負担を求めることに鑑みれば、都市部の住民からの理解を得るために、木材利用の拡大や森林環境教育、普及啓発といった都市部にも存在する需要についても、森林環境譲与税（仮称）の使途の対象の一部に加えることも検討されるべきとの意見もあった。（傍線筆者加筆）

（資料）総務省森林吸収源対策税制に関する検討会（2017）『森林吸収源対策税制に関する検討会報告書』より一部抜粋。

---

(11) 府県・森林環境税と国税・森林環境税との税収使途の重複について、諸富（2019）は、今後整理が必要であり、府県・森林環境税のサンセット条項（おおむね5年ごとに条例を見直す条項）による見直しを通じて重複を解消することができれば両者は今後すみわけていくことができると論じている。そして、其田（2019）はこれまでサンセット条項によって制度が見直された府県・森林環境税は極めて少ないことと、国税・森林環境税にはサンセット条項が備わっていないことを指摘している。

　その際に、府県・森林環境税を導入している府県が、国税・森林環境税の施行によって事業の重複に注意している理由はおおむね、次の3点に集約できるだろう。第1点目は、府県民への説明責任の観点から両税から同じ事業項目が実施されないようにすること。第2点目は、国税・森林環境税の趣旨として既存の林業関連事業費を減らさずに新しい事業展開をしなければならないこと。第3点目に府県・森林環境税を活用した市町村事業についても国税・森林環境税による市町村事業と重複を発生させないことである。

3 府県・森林環境税による「すみわけ」の方法について

　ここまで論じてきた通り、府県は、国税・森林環境税のうち、都道府県分として配分される事業に関する重複を回避することと、市町村に向けて府県・森林環境税事業と国税・森林環境税事業の重複を回避する方策の提供が求められた。その中で各府県では「すみわけ」、「両立」、「相乗効果」といった説明をおこなっている。

　例えば、神奈川県では 2007 年 4 月より水源環境保全税（または水源環境税）が導入されている。全国で唯一、住民税均等割だけでなく所得割に超過課税を実施しており、具体的には、均等割に 300 円 / 年、所得割に 0.025%/ 年超過課税をおこなっている。施策目的が水源環境保全であり、森林保全を目的とするものと比べて対象地域が流域全体となるため、支出事業が多岐にわたり、その総事業予算は年間 39 億円前後と他府県と比べて大規模になっている。

　国税・森林環境税により県と県下市町村へ配分される財源については「県民、議会、市町村の理解を得ながら独自課税との両立を図り、相乗効果を創出」[12]するとしている。具体的には、図表 6 のとおり、水源環境保全税でおこなわれる既存の事業エリアとは関わりのないエリアで新規事業を立ち上げて、そこに国税・森林環境税を充当するといった「空間別すみわけ」方式を採っている。

　こういった新規事業によるすみわけは各府県によりアプローチに相違があれども、府県・森林環境税による事業を変更せずに国税・森林環境税を即時に活用できる方法として、他府県にも広がっている。

　そして、神奈川県のような空間別すみわけ方式以外で府県と国税・森林環

---

(12) 神奈川県（2018）「本県における森林環境（譲与）税の取組の考え方」第 42 回水源環境保全・再生かながわ県民会議資料を参考にした。

境税のすみわけをおこなっている府県もある。例えば、秋田県では 2008 年
度より水と緑の森づくり税が導入されている。個人住民税超過課税額は均等
割に 800 円 / 年で、法人住民税は標準税額に 8% / 年となっている。年間の税
収は 4.8 億円前後になっている。税収のうち、約 80% が森林整備であるハー
ド事業に活用されている。ソフト事業についても、木材活用事業などいわゆ
る山側に特化したメニューとなっている。

　水と緑の森づくり税と国税・森林環境税との関係性については、図表 7 の
とおり、森林整備事業においては水と緑の森づくり税と国税・森林環境税とを、
林業経営に適さない森林のうち、所有者の管理意思があるか、ないかによっ
て「所有者管理意思別すみわけ」方式を採っている。森林は自然的条件や立
地条件が有利で生産性の向上を図ることで収益の確保が可能な林業経営に適
した森林と、自然的条件や立地条件が不利で奥地水源林、急傾斜地、天然林
等の林業経営に適さない森林に大きく分けられる。林業経営に適さない森林
で、所有者の管理の意志のある森林については水と緑の森づくり税で事業を
おこない、同じく林業経営に適さない森林で、所有者の管理の意志のない森
林に対しては国税・森林環境税（市町村分を含む）を活用していくといった線
引きをしている。

　以上のようなすみわけの方法以外にも、府県・森林環境税の制度見直しの
時期に、実施する事業について項目を変更しながら国税・森林環境税とのす
みわけをおこなう府県が出てきている。

　例えば、岩手県では 2006 年度より、いわての森林づくり県民税が導入さ
れている。個人住民税超過課税額は均等割に 1000 円 / 年で、法人住民税は標
準税額に 10% / 年となっている。年間の税収は 7.5 億円前後になっている。税
収のうち、約 95% が森林整備である、いわて環境の森整備事業といった、いわ
ゆるハード事業に活用されている。普及啓発を目的とした、いわゆるソフト事
業は、県民参加の森林づくり促進事業として普及啓発活動がおこなわれている。

　いわての森林づくり県民税は 5 年間 1 期として、2021 年度より 4 期目を

実施するにあたり事業評価および制度検討をおこなってきた。その中で国税・森林環境税との関係性をめぐり、図表8のとおり、整備が必要な森林について、公益性や、森林経営に対する所有者の意向の反映具合（経営の自由度）によって整理している。具体的には、針広混交林化を進めるような公益性のある森林について、所有者が不明であったり、所有者の管理の意志がない森林の整備については国税・森林環境税による財源が担当し、一方でいわての森林づくり県民税は、より所有者の管理意思がある（経営自由度の高い）森林の整備へシフトしていくように制度的位置づけを変更している。

さらに、条例改正まで実施した例としては滋賀県がある。滋賀県は2006年より、琵琶湖森林づくり県民税が導入されている。個人住民税超過課税額は均等割に800円/年で、法人住民税は標準税額に11%/年となっている。年間の税収は7億円前後になっている。税収のうち、約65%が森林整備など、いわゆるハード事業に活用されている。そのほか、普及啓発や環境教育を目的とした、いわゆるソフト事業がおこなわれている。

琵琶湖森林づくり県民税の事業と国税・森林環境税の事業との関係性については、国税・森林環境税が2019年度から開始されることから、2019年3月に琵琶湖森林づくり県民税条例の改正をおこない、琵琶湖森林づくり県民税は国税・森林環境税と使途が重複しないよう、国税・森林環境税（森林経営管理法）に基づく施策以外の県独自の施策に充当するものと明確にすみわけするよう整理した。具体的には、図表9のとおり、従来、琵琶湖森林づくり県民税の枠組みで放置林対策として市町へ支援する事業を、国税・森林環境税による市町村分支出事業に移行させて線引きし、一方で、ニホンジカの食害による表土流出、台風等による風倒木・土砂流出等、新たに顕在化した課題に対応するため、琵琶湖森林づくり県民税の事業を新規に拡大した[13]。

---

(13) そのほか、香坂・内山（2019）の都道府県アンケート調査によると、2019年時点で府県・森林環境税を導入する37府県のうち、11府県が国税・森林環境税の創設が府県・森林環境税の見直し理由になったと回答している。

　ここまでみてきたとおり、府県・森林環境税は各府県において様々な地域事情・特性を反映させた事業メニューを独自に設定してきたため、国税・森林環境税との重複事業の実態は千差万別である。そのため、すみわけの方法についても各府県の状況にそくして独自の方法をとらざるを得ない状況である。

図表6　神奈川県における両税の使途（イメージ）

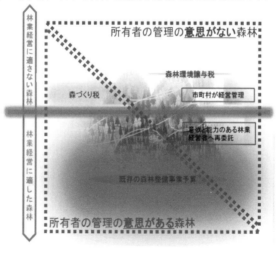

（資料）神奈川県ホームページ（森林環境税および森林環境譲与税について）より抜粋。

図表7　秋田県における森林環境譲与税導入後の森林整備のイメージ

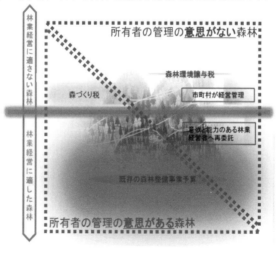

（資料）秋田県（2018）「秋田県水と緑の森づくり基金運営委員会資料」より抜粋。

図表 8　森林環境譲与税といわての森林づくり県民税による森林整備のイメージ

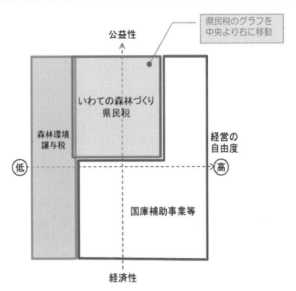

(資料) 岩手県 (2020)「いわての森林づくり県民税事業評価委員会会議資料」より抜粋。

図表 9　滋賀県琵琶湖森林づくり県民税と地方環境譲与税の使途整理

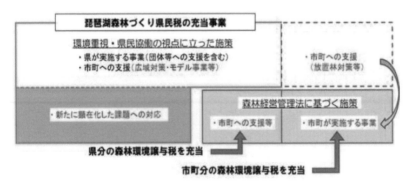

(資料) 滋賀県税制審議会 (2020)「琵琶湖森林づくり県民税について (答申) 参考資料」より抜粋。

おわりに

　ここまで、国税・森林環境税の導入による府県・森林環境税への影響について論じてきた。はじめに、国税・森林環境税について概観しながら、都道府県への国税・森林環境税の配分額についてみてきた。そこからは、ほとんどの府県で府県・森林環境税の税収よりも国税・森林環境税の配分額のほうが少ない状況にあることがわかった。

　次に、国税・森林環境税の検討、成立過程での税収使途の拡大が、国税・森林環境税と府県・森林環境税が並存したときに、重複した事業を発生させる可能性について論じた。この点の解決には、先に述べたように、国税・森林環境税と府県・森林環境税は「すみわけ」できるといった解釈が広まっており、「線引きができる」、「線引きをした」といった表明のもと2019年度より各事業を開始している。

　しかしながら、新規事業の立ち上げや、府県・森林環境税の運用変更による「すみわけ」は、事業の重複を解消させたとしても、「二重課税」や国税が「屋上屋を架す」といった批判を本当に回避でき得る手段なのかについてはおおいに疑問が残る。国税・森林環境税によって森林環境譲与税が否応なく都道府県と市町村に配分される現状にあって、例えば、今は所有者の管理意思のない森林が多く存在するため整備事業は進捗していくだろう。ところが将来、もしも管理意思のない森林を整備し尽くした場合には、配分される国税・森林環境税を消化するために、次の新しい「すみわけ」理由を府県が考えなければならない。それはもはや「いいわけ」であり、府県民から両税ともに信用を得ることはできないだろう。幸い、府県・森林環境税の多くにはサンセット条項[14]が備わっており、5年から10年を区切りとして、府県が自らやっ

てきた事業を検証し、その改廃を主体的に決めることができる機能を有している。全国の府県・森林環境税のすべてについてサンセット条項が実際に機能しているかどうかといった問題は別途検証が必要ではあるが、少なくとも府県・森林環境税は府県民からチェックを受ける手段があることを指摘しておきたい。あわせて、国税・森林環境税が、まったく新しい森林整備需要等を賄うための財源、使途対象とした制度を前提としたため、今後もサンセット条項を有する府県・森林環境税のみが一方的に重複する事業への変更を余儀なくされる状況を受忍し続けることへの不条理さ、換言すれば、地方分権化の流れに逆行している可能性についても訴えておきたい。

　最後に、国税・森林環境税と府県・森林環境税との間で今後顕在化するであろう問題点はたくさんある。本章においても紹介だけはしておきたいが、例えば、今回は森林整備事業のすみわけにのみ注目して分析してきたが、木材搬出事業や木材利活用促進事業、普及啓発事業などでも国税・府県両税間の事業重複の可能性は存在している。また、国税・森林環境税による市町村事業と府県・森林環境税による市町村事業との関係性や、市町村林業職員の確保と職員経費捻出の問題、市町村林業事務の都道府県による代替執行は機能するかといった問題、所有者不明森林への公的介入とその整備事業の実態についてなども課題を残している。以上のような論点については、現状では国税・森林環境税が施行されて間もないため検証が難しく今回は論じることができなかったが、残された今後の課題として引き続き注視していきたい。

---

(14) 府県・森林環境税におけるサンセット条項の詳細については、其田・清水（2008）を参照されたい。

【参考文献】

石崎涼子（2019）「森林政策におけるナショナル・ミニマムの変遷」門野圭司編著『生活を支える社会のしくみを考える－現代日本のナショナル・ミニマム保障』日本経済評論社。

石田和之（2018）「森林環境税の租税論」『森林環境 2018』森林文化協会。

植田和弘（2003）「環境資産・地域経済・参加型税制」神奈川県監修『参加型税制・かながわの挑戦 - 分権時代の環境と税 -』第一法規。

金澤史男（2007）「地方新税の動向と地方環境税の可能性」地方税 2007・4、pp.2-6。

香坂玲・内山愉太（2019）「短報 森林環境譲与税の導入と都道府県への影響の分析―37 府県の概況について」日本森林学会誌 第 101 巻 第 5 号、pp.246-252。

渋谷雅弘（2019）「森林環境税についての一考察」地方税 2019・3、pp.2-8。

総務省森林吸収源対策税制に関する検討会（2017）『森林吸収源対策税制に関する検討会報告書』総務省。

其田茂樹（2019）「森林環境税（仮称）導入の課題－森林環境譲与税（仮称）導入を前にして」月刊自治研 2019 年 2 月号 Vol.61 No.713、pp.48-54。

其田茂樹・清水雅貴（2008）「地方環境税としての住民税超過課税の活用－その動向と課題」日本財政学会編『財政再建と税制改革－財政研究第 4 巻』有斐閣。

諸富徹（2005）「森林環境税の課税根拠と制度設計」日本地方財政学会編『分権型社会の制度設計』勁草書房。

諸富徹（2019）「森林・林業再生に向けた森林環境税の意義と課題」地方税 2019・2、pp.2-13。

第6章

国税の導入よりも林業の改革が必要
：わが国の林業の再生に向けて

佐藤　一光

はじめに

　本章は森林や林業を持続可能なものにするための財政のあり方とは何かについて、改めて問い直すことを目的としている。国税森林環境税・譲与税はその負担の設計に租税論的な問題を抱えており（第1章）、しかもその成立の経緯（2章）や譲与基準（3章）、財源の利用（4章、5章）について多くの問題を抱えている。だからと言って、我々は森林の維持・管理・再生に財政が関与するべきではないと考えているわけではない。そのような意味では、本章は「水や森の性質を踏まえ、それを保全し、次世代に継承することを公的な役割と捉え、そのための費用負担と支出のあり方を含めて、財政学の視点からどのようなことが考えられるか」という水と森の財政学の問題意識を共有しているし（沼尾 2012：256）、日本の森林と林業が直面する困難の打開のためには積極的な財政の関与が必要であると考えている。

　しかし、だとすれば森林・林業に対する財政の望ましい関与のあり方とは

どのようなものだろうか。それは、これまでの林業費が担ってきたような林道の整備や造林・間伐に対する補助といった森林整備事業に留まらないことは確かであろう。そうであれば、国税森林環境税・譲与税が念頭においているような、もしくは再生可能エネルギーの固定価格買取制度（FIT）のような木材需要を喚起するものだろうか。本章ではこれらの点について、日本の置かれている林業と木材産業の構造に着目しながら、林業の再生に必要な論点を整理し、求められる財政の役割について考察してみたい。

　まず、財政学の基本に立ち返って論点を整理しよう。そもそも林業費の財政需要とは何を示しているのか。財政学では予算編成や制度設計において「量出制入」を原則とする。すなわち、財政需要の測定があって、それに見合うように租税の設計を行う。この財政需要の測定と租税の設計は、一般報償性原理によって支配される。すなわち、ある特定の財政需要と特定の税目をあたかも料金のように結びつけるのではなく、財政需要全体と租税負担全体の一致を予算上で実現するのである。

　そこでは、特定の財政需要と特定の税目を結びつけてはならないとするノン・アフェクタシオンの予算原則が採用されなければならない。しかし、現代国家における肥大化して複雑な予算体系のもとでは、財政需要と租税負担の関係を直感的に理解することは困難になっている。それゆえ、租税負担の増大は国民から嫌われることになり、林業も含めて様々な分野で財源不足が発生し、財政の機能不全が発生することになってしまう。

　日本のように中央政府が地方政府の財政需要を保障する交付税制度の存在する国では、中央の都合で地方の財政需要が低く見積もられてしまう側面が否めない。それゆえに林業費に限らず、地方政府は慢性的な財源不足に直面している。このような財政の硬直状態を解消するために、地方自治に基づいて特定の財政需要を独自課税によって満たそうとするのが地方森林環境税のアイディアであった。様々な社会問題に直面していて現場に近い地方政府によって、より正確に財政需要を測定し、その財政需要を満たすために個別の

目的税を設定する。地域的に限定され、税収の用途を限定することによって、受益と負担とを可視化する「地方ごとの森林環境税」である。そこでは、一時的にノン・アフェクタシオンの原則を逸脱することがむしろ、財政改革の後押しをすると肯定的に評価することもできた（佐藤 2015：156-159）。

　地方独自課税としての森林環境税の導入は主に都道府県レベルによるものであった。地方分権に伴い林業行政を中心的に担ってきた都道府県から市町村へと林政の権限が移行されるにつれて都道府県では林務職員を急速に減少させており、都道府県レベルでの林政に関する行政能力は弱まってきている（木村 2017）。他方で、市町村レベルでは行政的な余力からして独自課税を導入することは難しく、市町村レベルでの林業費の拡充と林務行政能力の強化が課題となっていた。その意味では、国税森林環境税・譲与税が求められてきた背景については十分に理解できる。

　もっとも、林業費の拡充が森林と林業の持続可能性を高められているのかどうかについては留保が必要である。確かに、林道の整備は林業を営むために欠かせないインフラストラクチャーであり、造林や間伐の補助金も林業費用に大きな影響を与えている（當山 2017）。国の政策である「緑の雇用」政策も林業分野での新規就労者を増加させ、林業従事者の若返りとスキル向上を促進してきた。しかし、これらの補助金をいくら増額しても、林業従事者の雇用環境は必ずしも向上していないことが明らかになっている（三木 2018）。例えばドイツやオーストリアの林業に倣って、林道をさらに整備し、大型機械の導入を促進し、労働生産性が向上しても木材価格の下落につながって林業従事者の賃金水準は改善しない可能性が高い。外材から国産材へのシフトが進んでも、それは必ずしも日本の森林と林業の持続可能性に繋がっていないのである。

　このようなことを背景として、木材の生産額に匹敵する財政が投入されていて林業は補助金ビジネスであるという批判や、それにもかかわらず森林と林業の持続可能性が担保されていないという批判に結びつく（田中 2019）。財

政学の観点からすれば、市場では林業が成立しなくなっている現状にこそ、林業における財政の役割が高まる。したがって、単に膨大な補助金が投入されているからといって、直ちに補助金ビジネスでしかないと批判することはできない。とはいえ、多額の補助金が投入されているにもかかわらず、必ずしも森林と林業の持続可能性が担保されていないということは由々しき事態である。なぜ、財政の投入が林業の再興に結びつかないのか。

　結論を先取りするのであれば、財政の投入が林業従事者の賃金向上に結びついいないところに問題の本質があるのではないかというのが本章の主張である。森林と林業の持続可能性を考えるにあたり、林業・木材産業と財政との関係を「逆システム学」的に分析することが有効ではないかと考えている（金子・児玉 2004）。逆システム学とは経済・社会・制度の構造を解き明かすことによって問題を発見するのではなく、発生している問題から遡って制度・政策の欠陥を明らかにするアプローチである。具体的に林業の分野では、木材価格の下落によって立ち行かなくなった林業という現状から、制度・政策的課題を析出することになる。

　林業の抱える問題は、補助金の設計に留まらず、森林行政、森林計画、植林・育林の技術、林業機械、木材流通、製材との関係、林業組織、異業種との連携、エネルギー政策、認証制度、森林教育と多岐にわたる（青木・植木 2020）。しかし、その一つ一つの分野を微に入り細に入り分析しても、個々の分野が複雑に連関しており、どこに本質的問題があるのか見つけ出すのは困難である。そこで、本章は日本の林業と林政の歴史を辿り、現在の木材産業バリューチェーンの現状を分析することによって、木材価格の下落に対して林政としてどのような対応がとられてきたのか、そしてそれがどのような帰結をもたらしたのかについて論じる。次に、その帰結から森林と林業の持続可能性を向上できる財政のあり方について考察を進める。そこでは、必ずしも林業補助金を増額するという政策だけではなく、より根本的に林業の持続可能性を担保する政策群が必要となっていることが明らかとなろう。

1 林業と林業費の歴史的経緯

　林業における伝統的な財政需要は林道整備である。切り出された木材を運搬する林道は公的インフラストラクチャーとして位置付けられてきた。日本においては長らく国有林管理も国家財政の一部として運用されてきた。図表1は日本の用途別木材の国内消費量を示したものである。戦後から、高度経済成長に伴い木材消費量は増加し、1973年にはピークの1.2億㎥に達している。その増加の主役は製材、すなわち建築用の木材であり、次に主に製紙用のパルプ・チップであった。その後、木材需要は一旦減少局面に入るが、

図表1　日本における用途別・木材の国内消費量（100万㎥）

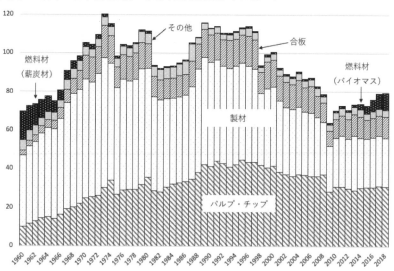

（資料）「木材需給報告書」主要需要部門別自県・他県・外材別素材入荷量累年統計より作成。

図表2　日本における木材の輸入状況（100万㎥）

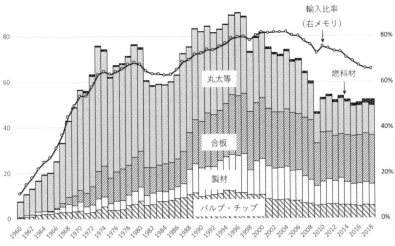

（資料）「木材需給報告書」主要需要部門別自県・他県・外材別素材入荷量累年統計より作成。

78年に経済政策としての住宅ローン減税が導入されることで再び建築需要が喚起され、80年代には再び増加に転じる。

　持ち家促進政策に加えて、プラザ合意以降の内需拡大とバブル景気が影響し、木材需要は再び90年代中頃まで高止まりし続けるが、その後は徐々に減少していくことになる。世界金融危機後の2009年には6,000万㎥まで減少し、その後はやや持ち直しが見られる状況にある。持ち直しの主役は燃料材としての利用であり、地球温暖化への対処と脱化石燃料の文脈で、再生可能エネルギーとしての木材に再び脚光が集まっていることが看て取れる。

　もっとも、木材の消費量だけ見ていても日本の林業の状況を考えることはできない。木材の輸入の状況があるからである。図表2は木材の輸入状況である。高度経済成長に伴い木材の輸入量は増加し、やはり70年代に一度ピークを迎えていることがわかる。この時に輸入の主役は丸太等であり、建材としての需要だけではなく、南洋由来のラワン材など合板への加工材料として

の丸太が多く輸入されていたことがわかる。この間に、輸入材の比率（線グラフ）は70％まで増加することになる。木材消費量の趨勢に合わせて一度減少した木材輸入は、やはり80年代後半から再び高まることになる。90年代後半に量的にはピークを迎えた木材輸入は減少に転じ、輸入割合も低下に転じることになる。これは合板製造技術の発展に伴い、口径の小さい国産材からも合板を製造できるようになったことや、集成材生産の国産化が進んだためである。

図表3は建材・合板・集成材などの中間財の生産に限った供給源別生産量であるが、70年代までの木材需要の増加には輸入材の増加で対応し、木材需要の減少とともに国産材の供給も減少してきたことがわかる。なお、木材の

図表3　木材需要に対する供給源の関係（100万㎥）

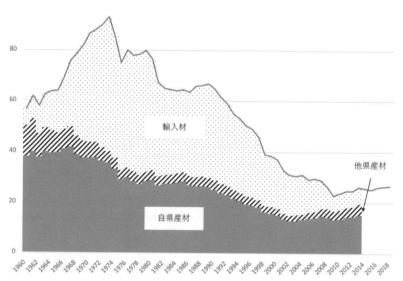

（資料）「木材需給報告書」主要需要部門別自県・他県・外材別素材入荷量累年統計より作成。
注：製材用のその他は昭和35年は米材、45年以前はニュージーランド材、57年以前はラワン材
　　以外の南洋材を含む。合板用及び木材チップ用のその他は、昭和45年以前はニュージーランド材、
　　57年以前はラワン材以外の南洋材を含む。パルプ用のその他の昭和35年は米材、43年以前は
　　ニュージーランド材を含む。その他用のその他の昭和35年は米材、43年以前はニュージーラン
　　ド材、57年以前はラワン材以外の南洋材を含む。

加工という意味では、あまり県境をまたがずに地域内で処理されていることも重要である。木材は重量比での価格が安く、その分輸送コストが大きいため、遠方まで運んで加工するということは通常行われないからである。木材価格の安さは、重量比で野菜の大根より安いと揶揄されることもあるくらいだ。もちろん、建材などに加工され、重量比で付加価値（価格）が上昇すれば、遠方まで運ぶこともありうる。しかしここで重要なのは、林業からの木材の売り先としてほとんどが県境をまたがないということは、林業事業者は売り先を選ぶ余地は少ないことを意味している。

　日本の林業の趨勢を確認するためには、木材価格を参照する必要もある。図表4は素材別の木材価格を示したものである。戦後日本では福島県東南部より南に分布するヒノキが建築用木材として重用されてきた。ヒノキは耐久性が高く水湿にも強い傾向があり、菌や虫などに対する耐性も強く、特有の芳香も相まって国内の針葉樹において第一級の良材とされてきた。ヒノキ価

図表4　素材別の木材価格（円 /m³）

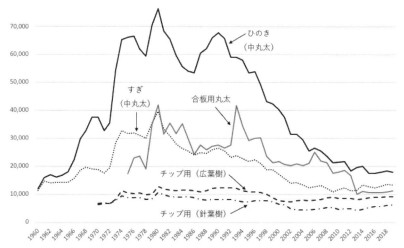

（資料）「令和元年木材需給報告書」Ⅱ統計表〔総括表〕・3 木材価格の動向・(1) 素材価格（丸太価格）・ア製材用素材価格より作成。

格は木材需要の増大とともに高騰し、70年代には6万円/㎡を突破し、80年代初頭には7.5万円/㎡の高値をつけた。これらの時期は輸入材が急増した時期でもあったが、ヒノキ価格の高止まりによって林業自体は潤った時期でもあった。もちろん、この頃に取引されていた木材は戦前に植林されたものであり、供給に限界があったための価格の高騰でもあった。ヒノキ価格が高かった時期は、旺盛な木材需要を背景に盛んに植林も行われた。

　木材輸入の増加を尻目に好況が続いていた林業であるが、大きな契機はプラザ合意であった。円高によって外材の価格が急速に安価になったからである。スギ価格を見てみると、1980年頃の4万円/㎡をピークに減少に転じており、バブル景気の影響すら受けていないことが見て取れる。スギ価格は2000年代に入ると1.5万円を割り込むようになる。ヒノキ価格は80年代に一度減少に転じるものの、バブル景気の90年には再び7万円超えの価格をつけている。しかし、そのヒノキの価格も90年代に入ると持続的に下落するようになっていった。

　木材の生産費用としては、植林、数度の下草刈り、数度の間伐を経て、伐採・搬出と40年程度の時間が必要となる。標準的な人件費などの生産費用を考慮すると、植林、下草刈り、間伐から主伐といった木材生産の費用を賄うためには、一定の木材価格が必要となってくる。地域ごとの気候条件や土壌条件、森林整備や伐採のし易さ、木材搬出費用など、必要な経費には大きな幅があるが、概ね1.5万円/㎡の木材生産費用がかかるとされている。この費用の50%超が植林や下草刈りと間伐の費用であり、これらの労働集約的な作業には膨大な人件費がかかる。

　もちろん、この費用こそが地域経済における林業労働という働き口を支えているわけであるが、後述するように費用削減圧力は強い。木材価格が1.5万円/㎡を下回ると、費用の回収が出来なくなるため、間伐をしないとか、そもそも主伐をしないといった状況が発生する。1990年台後半以降は純粋に市場経済を前提とすると損益分岐点を下回ることになったのである。木材価

格は 2010 年代に入ると、合板や集成材の国産化や、再生可能エネルギーとしての需要の高まりからやや持ち直しているが、依然として木材価格は低位で推移していた。もっとも、2020 年の後半から国際的に木材価格が高騰している。世界的な森林保全の基調に加えて、コロナ禍による生産減、テレワークの増加と低金利によるアメリカでの住宅着工増、円安といった複合的な要因による。今後の推移を見守る必要がある。

　木材価格の低下が進み、間伐や植林に支障をきたすようになると、間伐の補助や植林の補助といった森林整備事業が林業費の中で重要な位置を占めるようになった。特に、戦後の木材需要が旺盛だった時期に植林された針葉樹が、90 年代からは徐々に間伐期に差し掛かっていた。間伐期に差し掛かった森林が放置されることは、木材の育成を妨げるだけでなく、土砂崩れのリスクを増大させるという人工林特有の問題も抱えていたからである。

　林業の収益サイクルは温暖湿潤な気候の日本では欧州より短いものの 40 年以上と非常に長期にわたる。主伐によって挙げられた利潤によって、何年もにわたる下草刈り、数度にわたる間伐の費用が賄われる。しかし、木材価格の下落によって次の主伐による収益が期待できない場合、山林の所有者である山主も、林業事業体も間伐費用を捻出することは難しい。将来の収益が見込めない場合は、足元での経費を捻出することは合理的ではない。そこで、森林行政と財政支援を強化する動きが見られるようになる。

　森林行政と林業財政について簡単に確認しよう。98 年森林法改正により市町村の森林権限は強化され、01 年森林法改正で所有者以外も森林施業計画を策定可能になった。同年には森林・林業基本法も策定され、温暖化防止などのいわゆる多面的機能も求められるようになっていった。木材価格の低下につれて林業がそれ単体では成立しなくなったことに対して、当初は行財政的な支援が強化されたのである。2000 年代からは労働力の林業離れを食い止めるために「緑の雇用」事業が開始され、林業分野での新規就労や技術研修が財政的支援のもとに行われるようになっていった。

図表 5　民有林における間伐面積と間伐材の利用量

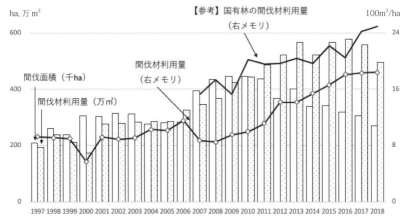

(資料)「森林・林業統計要覧」各年版の間伐実績及び間伐材の利用状況より作成。

　行政権限の強化と財政的支援もあって、90年代には200万㎡程度であっ
た間伐量（20万 ha の間伐面積）は徐々に増加し、2000年代諸島には300万
㎡へと増加し、2010年頃には400万㎡を突破した（図表5）。しかし、行財
政の支援した間伐は、間伐材を何らかの素材として生産する利用間伐ではな
く、主伐に向けた育林を目的とした保育間伐、すなわち切り捨て間伐であっ
たため、間伐材が森林に放置される林地残材が問題化することになった。森
林に放置される未利用間伐材は、大雨の時に土砂とともに流出し、自然災害
を甚大なものにするということに直面したのである。そこで、間伐材の利用
促進が林政の課題として認識されるようになった。

　そこで、2010年に公共建築物等における木材の利用の促進に関する法律
が制定され、公共部門での積極的な間伐材が方向づけられることになった。
もっとも、公共部門での木材の利用量は間伐量からすると僅かなものに過ぎ
ない。より大きな影響を与えたのが12年に導入されたFITである。FITで
は間伐材や保育間伐後に森林に放置された林地残材や製材時の残渣などの未
利用材を利用した木質バイオマス発電に高い買取価格を設定して利用促進を

図表6　FIT の買取価格（円 /kWh）

	太陽光	風力	水力	地熱	バイオマス		
	10kW以上	20kW以上	未満	未満	間伐材等由来	うち2000kW未満	一般木質、農業残渣等
2012	40	22	34	40	32		24
2013	36	22	34	40	32		24
2014	32	22	34	40	32		24
2015	27	22	34	40	32	40	24
2016	24	22	34	40	32	40	24
2017	21	21	34	40	32	40	24
2018	18	20	34	40	32	40	24
2019	14	19	34	40	32	40	24
2020	13	18	34	40	32	40	24

（資料）　資源エネルギー庁 web サイトより作成。

図っている（図表6）。間伐材によって発電された電力の売電価格は32円 /kWh であり、一般木材の24円 /kWh より8円高い。林地残材、もしくは未利用間伐材は補助金事業として既に伐採されている木材であり、それを搬出するだけで販売できるため、限界的な生産費用は低い。低い木材生産費用と高い買取価格によって、間伐材の利用を念頭においたバイオマス発電所が各地に作られるようになる。

　木質バイオマス発電は、太陽光や風力といった日本で主力になっている再エネ発電とは異なり、燃料を燃焼させて発生させた熱を利用してタービンを回転させ、エネルギー転換を行うという火力発電と原則的に同じ技術を使っている。それゆえ、発生させた熱の一部分しか電力に転換することができないのだが、発電容量が大きくなるほどエネルギー転換効率が良くなる。32円 /kWh の買取価格の元では、間伐材を安定的に入手することができるのであれば、1万 kWh 程度の発電容量があれば初期投資・発電費用を賄うことができるとされている。

　木質バイオマス発電のジレンマは木材の輸送費用と発電効率の間にある。木材は重く輸送コストが高いため、遠方まで運ばない方が費用効率的である。他方で小規模な発電ではエネルギー転換効率が悪い。間伐材の資源量は地域ごとに制約があるため、大規模に間伐材を利用しようとしたらかなりの輸送

コストをかける必要があるが、一般に木材の買取価格は一定であり、輸送コストは林業事業体が負担している。FIT でも低い発電効率を念頭に 2000kW 未満の発電所の場合は 40 円 /kWh という高額な売電価格を設定しているが、間伐材の利用政策としては理解できるものの再エネ政策としては効率的ではない。再エネというと小規模分散型の発電を地域で行うというイメージが強いが、こと木質バイオマス発電に関しては、問題は単純ではないのである。

　FIT の登場によって、未利用間伐材の問題は、地域による違いはあるものの、ほとんど解決したと言って良い。場合によっては未利用間伐材を入手することが困難な発電所も出てきており、間伐材の生産量に比べて木質バイオマス発電所は過剰にすらなっているといえよう。

　持続可能な森林の利用のためには、育林だけではなく再造林・植林も重要である。11 年の森林法改正では、行政による伐採中止命令、造林命令、施行代行等が可能となった。過剰な伐採や、森林の持続可能性を考慮しない短期的利益を求めた営林を取り締まることが目的であるが、行政的引き締めは必ずしもうまく機能していないようである。一つには既に述べたように、低下する木材価格の元で山主には積極的に再造林を進めるインセンティブが存在しないことがあげられる。これはウッドショックによる木材価格の高騰下でも同様であり、短期的利益のためには再造林から逃れたくなるものだ。しかし、もう一つには林務行政の弱体化があることも指摘しておかなければならない。森林・林業分野での行政の権限を強化し、間伐・植林・人材育成の予算を積極的に手当てする一方で、国有林管理の民間委託を進めてきたからである。

　独立採算制を採用していた国有林野特別会計が赤字化したことによって、国有林管理の整理縮小と民間委託が進められた。国有林管理に関わる林野庁職員は 98 年の約 1.4 万人から 2006 年までに半減し、2010 年代には 5 千人まで減少している（図表 7）。2013 年には国有林野事業特別会計が廃止され一般会計化が行われた。未来投資会議は国有林管理の事実上の民営化を決定し、2020 年から国有林管理は 50 年の民間委託契約が可能となっている。こ

図表 7　林業産出額、従事者数、職員数

	産出額	林業従事者数	林野庁職員数	都道府県職員数	市町村職員数
	10億円	万人	人	人	人
昭. 46 (1971)	1, 055				
昭. 55 (1980)	1, 158	15			
昭. 60 (1985)	918	13			
平. 2 (1990)	977	10			
平. 7 (1995)	760	8			
平. 10 (1998)	616		13, 666		
平. 12 (2000)	531	7	10, 960	12, 281	4, 395
平. 17 (2005)	417	5	7, 150	10, 882	3, 646
平. 18 (2006)	432		6, 865	10, 596	3, 432
平. 19 (2007)	441		6, 539	10, 325	3, 307
平. 20 (2008)	445		6, 209	9, 999	3, 234
平. 21 (2009)	412		5, 939	9, 657	3, 221
平. 22 (2010)	425	5	5, 678	9, 262	3, 191
平. 23 (2011)	422		5, 377	9, 124	3, 117
平. 24 (2012)	398			8, 897	3, 145
平. 25 (2013)	433			8, 820	3, 148
平. 26 (2014)	464			8, 766	3, 201
平. 27 (2015)	454	5		8, 737	3, 094
平. 28 (2016)	470			8, 656	3, 067
平. 29 (2017)	486			8, 617	3, 075
平. 30 (2018)	502			8, 654	3, 099

（資料）木村 2017、「地方公共団体定員管理調査結果」、「林業産出額」より作成。

　の間、都道府県と市町村においても林務行政職員の減員を続けてきており、2000 年には約 1.7 万人いた林務職員は 2010 年には 1.2 万人へと減少している。法的に行政権限を強化しても、現場で対応する職員がおらず、林務行政の機能不全が引き起こされている。

　国の財政面について補正済予算と決算を図表 8 で確認する。林野庁の予算は 2000 年度には約 7,345 億円であり、先に述べたとおり林務行政の民間委託化が進められたことにより漸減し、2010 年度には 4,480 億円、2020 年度には 3,192 億円まで減少している。世界金融危機への経済対策講じられた 09 年や東日本大震災への復旧・復興が必要となった 11 年度以降の予算額は一時的に増加していることも看取される。

　国の林務財政の一つの特徴は、予算額と決算額との間に毎年度大きな乖離

図表8　林野庁と国有林野事業特別会計の決算

10億円	林野庁		国有林野事業特別会計（決算・純）
	予算	決算	
H12	734	621	178
H13	621	555	194
H14	626	516	211
H15	578	522	222
H16	613	520	232
H17	608	526	246
H18	606	486	240
H19	571	473	277
H20	586	445	261
H21	716	625	273
H22	448	368	294
H23	715	491	307
H24	705	527	262
H25	649	488	
H26	500	369	
H27	474	404	
H28	472	332	
H29	510	366	
H30	571	395	
H31	400		
R2	319		

（資料）「予算書・決算書データベース」より作成。

があることである。これは、確保された予算を消化することができていないことを示している。設定した補助金への地方公共団体や民間企業等からの応募が少ないからである。用途が厳しく限定された国庫支出金が多く、手続きの煩雑さに加えて自治体のマンパワー不足や、交付決定が年度末になることが多いことなどを理由に予算の未消化も多い。近年は予算額そのものを減らしている。

　特定補助金については国の予算と重複する部分があるが、図表9は地方における林業費（決算）を示したものである。人件費やその他の経費と、普通建設事業費では予算規模が異なるが、人件費は98年に1兆円程度であったものが漸減し、2017年には0.8兆円まで減少している。地方で補助費を含むその他の経費は変動が大きくその傾向も一様ではないものの、90年代には0.1兆円台後半から0.2兆円台前半で推移してきた。2000年台に入ると増加に転じて0.2兆円台後半から0.4兆円台前半で推移している。

　その他の経費のうちもっとも規模が大きいものは貸付金であるが、植林や間伐などに対する補助費は03年に470億円だったものが2013年には1,297億円まで増加し、17年には531億円と減少して推移している。林道整備を中心とした普通建設事業費に関して、小渕政権下での予算編成であった99年と00年を除けば、90年台は1兆円程度まで増加した予算規模であったも

のが徐々に減少し、05年には0.5兆円を割り込み、12年以降は0.3兆円台で推移している。林業における財政需要が、林道などのインフラ整備から、より多様な森林整備へと移り変わってきたことが分かる。

　もちろん、国と地方との財政と林業の関わり方は一様に変化してきたわけではない。予算規模として林業費の大部分を占める林道の整備についてはかなり減少してきたし、人員の減少に伴う人件費の抑制や国有林管理の民間委託も進められてきている。他方で、市町村林を含む民有林の管理に関しては間伐等の補助金事業は拡大してきたし、主伐後の植林に対する補助や食害の防止や植栽の管理といった森林整備事業も進められてきたのである。

図表9　地方における林業経費（決算、10億円）

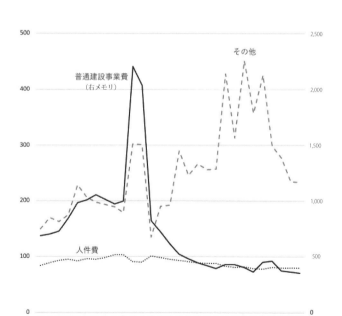

（資料）「地方財政統計年報」各年版、第2部2−5目的別，性質別歳出内訳、
　　　2−5−1表目的別・性質別歳出内訳総括（純計）より作成。

戦後の林業・林政・林業費の動向を簡単に整理するならば、次の3つの区分に分けることができる。第一に、林業が産業として成立していた90年台までの時期、林業財政としては規模を縮小させながら間伐に注力するようになった90年台後半から2000年台までの時期、そして間伐材の利用促進と主伐の拡大に対する再造林全体に注力するようになった2010年代以降の時期である。このような歴史的文脈のもとで国税森林環境税・譲与税を捉えるのであれば、FITによって林地残材は問題が解決し、主伐期を迎えて本格的に再造林対策が必要となっているタイミングでの財源の確保となっていることが分かる。その意味では財源確保の必要性は認められるが、果たして間伐や再造林への補助金を確保したり、混交材への転換、すなわち素材生産を前提とした林業から撤退、長期的に人工林を天然林へと還元したり、国産材の利用促進をすることが持続可能な森林と林業につながっているのだろうか。次節では木材産業のバリューチェーンに着目することで、考察を深めたい。

2　林業と木材利用産業の現状と課題

　木材需要の動向を見ると一旦は底を打っており、エネルギー利用の拡大によって8千万㎥程度での推移が続いている。とはいえ、建材需要は依然として減少傾向であり、FITを通じた利用拡大は未利用間伐材の供給に限界が見えてきていることから、全体としても需要増大の見込みがあるわけではない。（2章と5章）でも指摘した通り、国税森林環境税・譲与税による需要拡大が大きく見込めるわけではない。何よりも相対的に高価格である建材から安価な燃料用材へと需要がシフトしていることからも、平均単価は低下傾向であり、ウッドショックが常態化しない限り林業の産出額は再び頭打ちになることが予想される。

　林政の動向を見てみても、林務行政の権限強化と国有林管理の民営化が同時並行的に進み、林業費の先行きは不透明である。それでも植林・間伐の補助金の増額は不十分ではあるものの辛うじて森林の維持管理に貢献しているし、FITによるエネルギー利用による未利用間伐材の利用促進は功を奏している。それにもかかわらず、森林と林業の持続可能性はほとんど担保されていないように見える。主伐後の再造林比率について、実態としては3分の1程度にとどまっているし、現場レベルで林業従事者は不足が常態化しており、技術継承についてもかなり厳しい状況にある。この状況を理解するためには、間伐できない、植林できない、育林できないという社会問題を直接財政需要として捉えても見えてこない。筆者はヒアリング調査を進めるうちに、木材利用産業のサプライチェーンやバリューチェーンの構造に林業の持続可能性を危ぶませる原因があるのではないかと考えるようになってきた。

　順を追って説明していこう。図表10は日本における木材のバリューチェー

図表 10　日本における木材のバリューチェーン

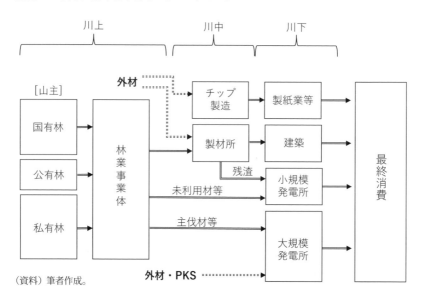

（資料）筆者作成。

ンの構造を模式図的に表したものである。森林の所有形態は大きく国有林と
民有林に分かれており、民有林は都道府県や市町村が所有する公森林と私有
林に分かれている。森林にもっとも近い森林所有者・山主と林業事業体のこ
とをバリューチェーンの川上という。林業事業体は山主を組合員とした地方
森林組合と企業があり、国有林・公有林・私有林の管理経営を委託されてい
る場合と、森林を所有している個人や企業が一体的に営林している場合に分
けられる。後者の場合は営林、素材生産から消費財の生産まで一貫して行わ
れている場合も多い。後述するように問題なのは前者である。

　川上で生産された素材は、製材工場やプレカット工場によって建材へと加
工されたり、合板工場で合板に加工されたり、チップ工場で加工されたりする。
これらの木材を加工して中間財を生産する産業を川中と呼ぶ。川中ではしば
しば素材となる丸太を海外から輸入している。国産材を中心に扱うか、外材
を中心に扱うかは工場によって異なるが、川中では規模の経済性が働くため、

大規模工場が強い競争力と市場支配力を持っている。特に、国産材を輸送する場合には、安価な木材に比して高い輸送費用がかかるため、前節でも確認したように県境を跨いで素材が提供されることは稀であり、地域独占に近い状況が生まれている。川中で生産された建材は、一応国産材と外材で差別化が図られているとはいえ、厳しい価格競争に晒されており、外材の価格に見合う価格で、川上からの素材を受け入れる傾向にならざるを得ない。

　川上から川中に受け渡される木材はその太さや扱いやすさによって、Ａ材と呼ばれる製材用の良質な木材、集成材や合板に利用されるＢ材、チップ等のＣ材、そしてエネルギー利用のＤ材と分類されており、それぞれ価格が異なっている。針葉樹を念頭におくのであれば、Ａ材は樹木の下部にあたる垂直な原木であり、中間部分のやや曲がりがあったり小径だったりするものをＢ材、その上の枝条や曲がり材等をＣ材として活用してきた。燃料用のＤ材という呼び方は最近されるようになってきたものであり、間伐材や建材等の生産過程で排出される未利用材を中心にどのようなものであってもエネルギーを取り出すことができるというわけだ。

　建築産業や木工加工産業、製紙産業や大小の木質バイオマス発電所は、木材のバリューチェーンの中では川下に位置付けられる。このうち大規模発電所では未利用材を中心とした燃料材の収集が困難であるため、外材や PKS の利用もしくは石炭との混焼発電が行われることになる。未利用材のみを利用する小規模な発電所はさらに国内の林業と関わりの深い。

　国内での小規模発電所の設置例は積み上がってきているが、しばしば大規模な製材・プレカット工場と関連する発電所が散見される。そもそも大規模な製材所やプレカット工場では恒常的に大量の端材や木屑が出ており、産業廃棄物としての処理に困っていた。産廃としての木材をただただ焼却したり、廃棄物業者に有償で引き受けてもらったりしていたのである。そこで、産廃である木質バイオマスの利用として、木材の乾燥のための熱利用等が行われてきたが、FIT の導入によって木質バイオマス発電所に置き換えられてきた

のである。A材を製材したり、B材によって集成材や合板を生産したりする際に排出される副産物、残渣、もしくは産業廃棄物に経済的な価値が認められるようになったのである。このような状況を廃棄物の分野では逆有償での処理と呼ぶ。木材の価値のある部分から順に、余すことなく利用するこのような利用方法をカスケード利用と呼び、木材の付加価値を有効に取り出す方法として注目を浴びている。

　もっとも、木材のカスケード利用については留意が必要である。確かに、製材所等が主導して設立されたカスケード利用を前提とした木質バイオマス発電所は、有償で処理していた産廃を逆有償で処分できるという経済性においても、木材の乾燥に欠かせない燃料確保の安定性という面でも利点が大きい。しかし、建築需要の持続的な減少と、建材需要と比較して桁違いに大きいエネルギー需要のポテンシャルというバランスを考えると、廃棄物処理を超えたエネルギー利用の可能性がある。現行のカスケード利用を否定することは全くないが、カスケード利用だけを念頭に置いていると木質バイオマスのエネルギー利用を促進するには資源制約が厳しすぎる。未利用材・間伐材の利用促進も含めて、現行の問題を解決するというアプローチからの木質バイオマスエネルギーの利用には自ずから資源制約が強く働くことを認識しておく必要があろう。

　さて、このような川上、川中、川下といった木材のバリューチェーンの状況から何がわかるであろうか。川上の林業においては、植林から伐採といった超長期の森林経営計画が必要であり、将来収益をきちんと見込むための割引率や、膨大な植林、下草刈り、間伐といった費用など、経営の不安定性や不確実性が伴う。その点、川中・川下においては複数の川上の業者と取引をすることで、直接的には不確実性のリスクを負ってはいないし、ウッドショックのようなことは起こるため長期的にはノーリスクとはいえないまでも外材による原料調達という道が常に残されている。そして、何度も強調するところであるが、大型機械の導入によって規模の経済を働かせることのできる川

中は、地域独占企業となっている場合が多く、素材については強い価格交渉力を持つプライスメイカーとして振る舞うことができる。

　そのことを前提として、A 材・B 材といった建築用の中間財は、安い価格に抑えられている。すでに述べたように単に安価な外材市場との競争関係にあるというだけではなく、川中の強いバーゲニングパワーを背景として、安価な国産材生産が実現しているといえよう。しかも、自ら山林を所有しない林業事業体は、山主の利益も保障しなければならない。山主に利益がなければ主伐を行うことはできないし、現在がそうであるように長期的に利益を上げることが見通せないのであれば、山主は植林、下草刈り、間伐といった再造林費用を捻出することはない。

　これらの事情から、木材バリューチェーンの垂直統合が必要であるという認識が広がっている。バリューチェーン全体の中で高い利潤を挙げられている大規模な製材所等と川上が垂直統合することによって、得られた利潤を山に返す、すなわち再造林費用を賄うという方策である。垂直統合については様々な試みが始められている段階にあり、現段階では評価をすることは難しい。現在のところ、うまく連携を強められている事例も、むしろ再造林のインセンティブが下がっている事例もあるようである。

　少し脱線するが、合板生産における技術革新も見逃せない。90 年代まで合板というと南洋由来のラワン材が主流であった。木材を桂剥きし、合板を製造するためには太い口径の木材が必要だったからである。それが、90 年代に技術革新によって国産の針葉樹からも合板を製造できるようになった。このことによって、合板素材の国産化が進んだ。2010 年頃には、さらなる技術革新が進み、それまでは合板製造時に芯を 16 センチ程度残す必要があったが、これを鉛筆レベルまで活用できるようになった。この技術革新に伴い、合板生産の国産材シフトはさらに進み、B 材の買取価格が上昇しただけでなく、それまではクズ扱いだった 16 センチ口径の木材まで含めて 1.2 万円程度まで上昇している。A 材と B 材の価格差は縮小し、以前であれば銘木と言われた

良質な大木も合板材料として安価に取引されるようになっている。

　九州など地域によっては中国への丸太の輸出も大きなインパクトを持っている。中国では日本とは異なり、建材としての需要はないが、家具生産用や木材製品生産用のC材の需要が大きい。2018年には日本の木材需要に匹敵する約6000万㎥の木材が輸入されているが、集成材での利用が中心であるため木材の質に関してはあまり重要ではなく、為替の状況にもよるがC材であっても1万円/㎥程度の価格で取引がなされている。A材の需要減と価格の停滞、B~D材の需要増と価格上昇という、これまでになかった変化が木材市場に起きつつある。

　話を戻そう。川中の高いバーゲニングパワーと山主への利潤確保に板挟みにあい、しかも大きな不確実性と将来へのリスクを一手に抱えているのが林業事業体ということになる。それゆえ、林務財政に置いて植林から間伐まで補助金メニューを準備したり、FITによって未利用材の利用促進が進めたりしてきた。林業への直接的な補助は川上への利益になりそうなものだが、このような状況下で補助金を川上に投入すると、それは木材価格の低下に結びついてしまう。三木（2018）は緑の雇用の文脈で、林業の生産性の向上がそのまま林業労働者の時給の低下に結びつき、日当レベルでは大きく変化していないことを指摘している。林道の整備から大型機械等の導入、近年ではレーザーやドローンを用いたハイテクノロジーなスマート林業の普及が進み林業の生産性が向上しても、再造林の補助金と次々に財政を投入しても、その分がまるまる木材価格の下落に帰結してしまうのである。

　再造林費用の大部分は人件費である。林業労働は怪我や死亡事故のリスクが相対的に高いだけではなく、山林での作業は暑かったり寒かったり重労働だったりと労働強度が強い。それにも関わらず、平均的な所得は極めて低い。単純な比較ができるわけではないが、オーストリアの平均的な林業従事者の所得が550万円であるのに対し、日本（長野県の事例）では300万円にとどまっているという（青木・植木 2020:184）。植林に不可欠な苗木の生産についても

低賃金の労働によって支えられている側面が強く、再造林の補助金を受けるための苗木価格や植林費用は最低賃金水準に固定されている。川上には相対的に弱いバーゲニングパワーと低く固定された補助単価という二重の問題が存在しており、高いリスクと低賃金という雇用環境が常態化してしまっている。

　林業従事者の高齢化と良質とは言えない雇用条件を背景に、緑の雇用によって新規就労を促進しているにも関わらず、林業者の人数は右肩下がりである。林業従事者の減少は、林業に関する技術の継承を困難にしているだけでなく、間伐促進補助金等の予算消化を困難にもしている。いくら予算を積み上げても、もはやそれを申請し、取得し、活用する能力が川上から失われつつあるのである。林業における熟練や技術革新による生産性の向上や、補助金の投入による費用負担の軽減がそのまま木材価格の下落に繋がり、林業労働者の待遇改善に結びつかないのであれば、いくら財政を投入しても底無し沼のように木材価格が下がり続けるだけである。市場における調整項が機能不全を起こしている限り、林業の持続可能性は高まらない。

　もうひとつ、山主についても言及しておかなければならない。日本の森林制度は山主中心に成り立っているが、すでにその地域に住んでいない山主たちの意識を林業に向けることは簡単ではない。木材価格があがったとしても、それは必ずしも再造林のインセンティブにはならず、売り抜けて放置するインセンティブがむしろ高まる可能性がある。地域からの広い意味での退出を防ぎ、森林の維持と林業に対するコミットメントを高める、すなわち忠誠を高める方策が必要となる。しかも、山主の状況は地域によって多様性が強いため、ひとつの解決策というよりは複数の方向性を持った案とならざるをえない。それゆえそれぞれの地方主導で対策を立てなければならない。そこでたとえば、①森林の団地化（小規模山主を集めてひとつの団地にする）、②山主の大規模化（積極的な地元山主による集約化）、③自伐化（林業事業体等による山主化）、④公有林化等が考えられている。大規模山主と小規模山主が混在するオース

トリアの山林所有形態には学ところが多いかもしれない（青木・植木2020）。

　近年の国産材の需要増加と買取価格の上昇によって、林業の経営は一息ついたようにも見える。しかし、不透明な林業経営の先行き、山主の高齢化、森林経営計画の未策定などを背景として必ずしも再造林は進んでいない。山を購入して皆伐後、撤退するという切りっぱなしの事例も散見されるようになった。法的には皆伐後の植林は義務付けられているが、自然更新(つまり放置)は認められているからである。人口減少を背景として建築材としての木材需要は減少が見込まれる中で、依然として大規模製材業への利益の集中、林業事業体の資金不足、林業労働者の劣悪な雇用環境、山主の合理的行動がゆえの再造林への消極姿勢といった構造的問題が林業・地域に重くのしかかっているのである。

3　持続可能な地域・産業に資する林政についての
財政学的考察

　これまで見てきたように、木材バリューチェーンの川上にあたる林業と製材業を中心とした川中、建設・製紙・エネルギーといった川下の関係はフラットではない。重量があり、大根よりも重量単価の安い木材は遠方まで輸送することは難しく、大規模な製材所や合板工場は木材の買取価格に対して強いバーゲニングパワーを発揮できるためである。しかも、地方森林組合のような山林を直接所有しているわけではない事業体は、山主の意思決定を尊重しなければならない立場もある。山林所有が小規模であることそのものは問題ではないにせよ、再造林・間伐に積極的でなかったり、森林経営に関心がなかったり、そもそも所有者不明の山林が点在しているという状況は、林業における生産性を低く抑える原因になっている。林業事業体はしばしば、安価な木材価格と、山主の要求との間で板挟みになっている。もちろん山林の所有者である山主の意思は尊重されるべきであるが、木材価格が植林・下草刈り・間伐・主伐といった生産費用を下回る状況では、長期的な森林経営など望むべくもない。

　そのような状況の中で、いくら林道の整備や人材育成、高性能機械の導入によって林業の生産性を高めたところで、高められた生産性の分、木材価格の下落に帰結してしまう。木材価格が低く推移することは、ひとつには山主の再造林や間伐を躊躇わせることになり、植林や間伐がスムーズに行われなくなってしまう。それゆえに、林道を整備したり、間伐への補助金を設定したり、FITによる未利用間伐材の利用促進を進めたりと、政策的に間伐問題への対処を進めてきたが、川上での補助金の注入はそのまま木材価格の下落

につながってしまうのである。

　しかも、林業事業体の低い収益は林業従事者の賃金を低く抑えてしまう。低い賃金は林業教育といった人的資本蓄積を阻害し、なんとか収益をあげようと労働強度を高めることとあいまって、労働災害へと繋がっていく。逆システム学の発想を採用すれば、木材価格と林業従事者の賃金という調整項が改善されなければ、持続可能な森林と林業は実現できないということが分かる。調整項がうまく機能しない状況では、林道整備にせよ植林・間伐補助金にせよ、人材育成にせよ、川上にいくら補助金を投入したところで、林業の衰退という事態は解決しないのである。

　繰り返しになるが低い木材価格は再造林を妨げ、低い賃金は就労者を抑制し、地域における雇用の提供と林業技術の継承、森林の管理能力の衰退を招いている。木材バリューチェーンにおいて木材価格や林業従事者の賃金を調整項として機能させるためには、潜在的な木材の需給バランスを調整する必要がある。すなわち、人口減少や住宅過剰の中で頭打ちとなっている建材需要と、大規模な製材・プレカット・合板産業による生産性の向上と、収穫期を迎えてさらに生産性の向上があり、政策的な後押しもあって過剰生産に陥っている素材生産との間のバランスを取り戻すということである。そのためのひとつの方法は、生産林を減少させ、天然林に戻していく戦略である。かつて、ドイツの林学家であったプファイルは、木材が無駄遣いされる原因を森林の過剰にあると主張し、過剰な生産を抑制することで木材価格の上昇をもたらし、それが持続可能な森林につながるのであると主張した。日本においても、森林の多面的機能に焦点を当てて、スギを中心とした人工林を雑木林の天然林に戻していくという計画も存在する。

　しかし、この戦略は、木材の国際的取引が常態化している現代で採用することは難しいかもしれない。抑制された生産の分、木材の輸入が増加するということにしかならないからである。しかも、国内での有望産業が不足し、特に地方部での雇用機会が不足している日本においては、地域経済の面から

も林業から撤退することは望ましくない。防災、水源、生物多様性、そして二酸化炭素の吸収源といった森林の多面的機能への注目と評価は重要であるが、人工林・生産林を天然林に戻していくことが日本の進むべき道なのかどうか疑問である。

　したがって、これらの悪循環を断ち切り、林業の再生を促すためには木材需要の喚起が第一の検討事項とならざるを得ない。すなわち、国税森林環境税・譲与税のように、川上に補助金を注入したり、ささやかに木材需要を喚起するのではなく、木材価格の上昇を伴う大規模な需要喚起策が必要なのである。

　もちろん、持続可能な林業を定義することは簡単ではない。森林は伐採して放置しても、100年単位で見れば、日本の気候ではほとんど再生されるからである。他方で森林という自然資本を最大化しつづけ、木材関連産業の付加価値を地域にとどめ、雇用を維持し続けるためには適切な再造林と森林の利用が欠かせない。自然・資源・エネルギー、そして人間の循環的維持（エコロジー）を一つの基準として、林業・地域・産業の持続可能性の条件を考えてみたい。本章では、林業改革に資する財政政策の具体例として、三つの方法を考えてみた。この三つの財政政策によって木材需要の喚起・単価の引き揚げ・林業事業体の強化促進を行うことができるのではないかと考える。

　第一に、木質バイオマスのエネルギー利用の促進である。スウェーデン、ドイツ、オーストリアといった欧州の林業大国・再エネ大国において最も利用されている再生可能エネルギーはバイオマスである。これを林業の側から見ると、木材は最もエネルギー源として利用されているという事になる。

　もちろん、これらの諸国では長期間にわたる林道の整備や高性能機械の導入によって、林業分野で高い労働生産性を実現している。例えば、オーストリアでは急斜面であっても20㎥/人・日の素材生産が可能であるが、日本ではその半分にも満たないのが現状である。しかも、山林に木質バイオマスをほとんど残さないため、天然更新のための清掃が不要であり再造林費用が極端に少ない。山林で採取される木質バイオマス資源であればどんなものであっ

ても、エネルギー利用が可能だからである。

すでに指摘した通り、木材の分野ではカスケード利用ということが重視される。すなわち、太い銘木は付加価値の高い家具や建築化粧、素材の太さからA材を建材に、B材は集成材や合板、C材はチップ、D材はエネルギー利用と、価格が下がっていきながら余すところなく木材を利用するということである。しかし、人口減少によって今後国内の建築需要が高まることは考え難い。居住用の家屋はむしろ過剰になっており、空き家が各地で問題化し始めている。住宅ローン減税などで建築需要は常に刺激された状態にあるため、減税政策を転換することが今後あるのであれば、緩やかな建築需要の減少だけでなく、一段ガクッと需要が急減するタイミングも来ることになるだろう。

先にあげた欧州の事例を確認すると、建材としての需要が主となっているわけではない。価格は安いが膨大な木材を必要とするエネルギー利用と、高付加価値の家具用材によって林業は支えられているのである。すなわち、欧州における木材産業におけるカスケード利用とは、膨大なエネルギー利用を背景として、より付加価値の高い木材や銘木をそこから救い出していく作業に他ならない。日本の林業は建材需要を前提に発展してきた経緯があり、山主や林業従事者の中にはせっかく育てた木を燃やしてしまうことに抵抗感が少なくない。しかし、繰り返しになるが、建材需要を中心に木材需要を掘り起こすことは考えにくい。むしろ、エネルギー需要という観点からすれば、生産された木材を全て燃やしたとしても賄い切れないほどの需要が存在しているのである。

このような欧州の林業・再エネ大国を見習うのであれば、エネルギー産業としての林業を見直すべきである。具体的にはポストFITにおいて①間伐材中心の買取価格ではなく、主伐材・廃材もフラットに扱う、②直近の再造林費用を加味した買取価格を設定する、③林業のサイクルに合わせて買取期間を延長可能なものにする、④熱利用にも買取を拡大する、といった方策をとる必要があろう。

　すでに述べたとおり、現行の FIT は育林のための切り捨て間伐を中心に進められてきた林政を補完する形で、未利用間伐材に高い 32 円 /kWh という買取価格が設定されている。小規模分散発電を促進するために 2 千 kW 未満の発電所の場合は、40 円 /kWh の価格が設定されているが、エネルギー転換効率を加味すると経営状況は芳しくない。発電効率の良い 1 万 kW 以上の木質バイオマス発電所であれば、この価格で投資の回収を十分に行うことができているが、未利用間伐材という資源制約によってこれ以上急速に国産材を利用した木質バイオマス発電所が建設を行うことは難しい。そこで、主伐材も未利用材と同様に扱う買取価格の設定に変更することによって、木質バイオマスのエネルギー利用を飛躍的に高めることができることになる。なお、家屋余りの日本の現状を考慮すると、建築廃材を同価格で買い取ることは、空き家対策、すなわち不要な家屋を廃棄することにも寄与することができるだろう。

　他方で、32 円 /kWh という買取価格は、林業の持続可能性という観点からすると、現状では適切な価格付けとはなっていないことにも留意が必要である。木材の生産費用・再造林費用は、気候や植生、伐採効率にもよるが概ね 1.5 万円 /㎥に達している。このことを木質バイオマス発電の買取価格に反映させるのであれば 70 〜 80 円 /kWh の買取価格が必要だということになる。現行と比較してかなり高い買取価格であるが、産業としての林業が事実上崩壊している日本において、林業を再び振興しようとするのであればこれくらいの思い切った価格付けが必要となることを受け入れなければならない。

　林業が振興し、欧州並の木材生産性を確保できるようになれば、買取価格は 4 分の 1 程度まで引き下げ得る。しかし、それには太陽光や風力よりももっと長い時間がかかることになるだろう。投資された木質バイオマス発電という資本を有効利用するならば、そして安定的な森林計画と林業の持続可能性を考慮するならば、現行の 20 年という買取期間を延長できる制度設計も必要となってくるのである。

ポスト FIT を考える上でもうひとつ重要な視点が、熱利用の促進である。欧州ではしばしばバイオマス発電の買取要件として電熱併給（コジェネレーション発電）が義務付けられている。もともと欧州では、社会的インフラとして集中的に熱を発生させて、各家庭、各部屋に熱を送り込むセントラルヒーティングが整備されてきた。石炭によるセントラルヒーティングから木質バイオマスによるセントラルヒーティングへは少ない社会的投資で済むことになる。日本では熱供給に関する社会的インフラが整備されていないため、早急に欧州型の熱利用にシフトすることは簡単ではない。

　そうだとしても、薪、チップ、ペレット等による暖房や温水の供給といった熱利用は、エネルギー効率の観点からは木質バイオマス発電よりも望ましい。日本で生産されるすべての木材をエネルギー利用に回したとしても、日本のエネルギー需要を賄うことは全くできないため、やはりエネルギー効率を高める工夫は必要である。差し当たり、エネルギー効率を考えると、熱利用に関しては 15 円 /MJ（54 円 /kWh）程度の買取価格によって再造林費用を賄えると考えられる。その分を間伐・主伐・廃材を問わない木質バイオマス燃料の補助として給付することで、擬似的な熱利用版 FIT を実現することができるだろう。投資効率を考えれば、大規模なセントラルヒーティングが望ましいのであるが、当初は宿泊施設や病院といった温水利用量の多い施設や集合住宅から、徐々に普及させていくことになろう。

　木材価格の引き上げを伴う木材需要の拡大は、相対的に製材・プレカット・合板産業のバーゲニングパワーを弱める事になる。木材市場の地域独占的な買い手から、競争的な買い手へと移行するからである。このことによってかなりの程度、林業の状態は改善すると考えられるが、森林の過剰利用を防止し、多面的機能を担保しつつ、山へと資金を還流させる方法も併用することが望ましい。これが第二の方策の炭素税である。ここでは炭素税とは何かについて多くの紙幅を割くことはできないが、炭素税とは二酸化炭素を排出する行為に対して課税することによって、気候変動の抑制を図る財政・環境政

策であり、日本でも「地球温暖化対策税」という名称で導入されている。この炭素税について、①税率の引き上げ、②バイオマスへの非課税措置の廃止、③二酸化炭素吸収に対する負の炭素税、④輸入財へのみなし課税と輸出財への戻し税を行うことが考えられる。

　現行の地球温暖化対策税は289円/CO2トンという価格に設定されている。環境省によればこの価格は2030年時点で242万トン、2013年の0.2%程度の二酸化炭素排出抑制効果があると試算されている。望ましい炭素税の水準は、二酸化炭素排出をどの程度抑制する必要があるのかと、税収をどのくらい必要とするのかによって変わってくる。したがって、ここでは具体的な望ましい税率を示すことはしないが、パリ協定の温室効果ガス削減目標である26%減（2030年時点、2013年基準）を炭素税のみで達成するためには数十倍から100倍程度の税率が必要となることを認識しておく必要がある。もちろん、炭素税のみで温室効果ガスの削減目標を達成する必要はないので、最大で100倍程度の税率が必要となるということである。

　炭素税は一般的に再生可能エネルギーには課税されない。木質バイオマスのエネルギー利用に関しては、燃焼段階では二酸化炭素を排出するものの、それは大気中から樹木が光合成によって固定化した炭素であるため、温室効果ガスとして認定しないというカーボンニュートラルという考えが採用されてきた。しかし、欧州を中心として木質バイオマス発電が盛んになるにつれて、森林の過剰伐採や再造林なき伐採が進んできていて批判が高まっている。木を切って燃やし、植林をしなければカーボンニュートラルの前提が成り立たない。

　そこで、バイオマスへの非課税措置の廃止と二酸化炭素吸収に対する負の炭素税というアイディアが必要になってくる。燃焼段階では炭素税を課税しておいて、森林が二酸化炭素を吸収した分、同じ炭素価格でマイナスの課税、すなわち給付を行うのである。このことによって、森林の多面的機能を保全することと、林業を営むことで利益を上げることの間に政策的な歪みはなくなる。1.5万円/㎥以上の再造林費用がかかる森林では、生産林から防災・水

源涵養・生物多様性の保全・二酸化炭素の吸収を重視した森林へと転換することで、永続的な収入源となることができる。負の炭素税はこのうちあくまでも二酸化炭素の吸収源としての森林の価値を担保するものであるが、財政と森林との関係を明確にする第一歩となろう。

炭素税のさらなる論点として、輸出入に対してニュートラルな課税・戻し税体系を整備することがある。国内のバイオマスエネルギーにのみ課税を行うと、どうしても海外由来のバイオマスが相対的に安価にならざるを得ない。認証制度などによって国内のバイオマスにのみ FIT を適用することは考えられるが、多大な行政管理費用がかかるだけでなく規制と逸脱のいたちごっこであり、何よりも未利用材や建築廃材をバイオマスエネルギーとして評価する際に抜け道ができてしまう。

そこで、国内産品と外国産品とを等しく税制上で扱う必要が出てくる。現行の炭素税率は極めて安価であるため、大きな問題となっていないが、炭素税率を引き上げるためにはこの均等な取扱い、すなわち仕向地原則に基づいた税制である国境税調整が必要となってくる。テクニカルではあるが、国内の林業振興策が海外の森林伐採を促進しないためにはどうしても必要な仕組みなのである。

以上の二つの措置によって、財政面・資金循環における政策的な措置はかなり充実することになろう。しかし、財政政策として林業の再生にできることはまだある。第三の方策として、山林に対する税法上・財政上の扱いを改善することである。

上記のような林業振興策を採用すれば、山林所有者の中にはより多くの利潤をあげるものも出てくる。その利潤が正当なものであることを担保しなければ、制度・政策に対する国民的な理解は得られないし、財政政策が重視する公平性を損なうことになりかねない。そこで、所得税上の優遇廃止が必要となる。具体的には山林所得の所得税における優遇である5分5乗方式を取りやめて、事業所得と同じ扱いとする。5分5乗方式は、必要経費を差し引

いた山林所得を5で割り、所得税の累進税率のうち低い税率を適用させた上で、5倍かけ戻す税制上の優遇方法である。林業振興と優遇廃止は、生産性の悪い山林の生産林からの離脱や税収の増加といった副産物ももたらすことになろう。

　もう一つ固定資産税上の優遇を取りやめることも必要だ。小規模山主が多いことを背景に、山林の場合固定資産税課税標準額が宅地などと比べてかなり低く抑えられており、固定資産税が全くかからない場合も多い。そのことが、山林を相続した場合などに登記の変更が行われず、山林の所有者が分からないという現状を引き起こしている側面が大きい。課税を行うために土地の所有権を確定し、土地の所有者に課税を行うということは近代財政の原則である。短期的には納税や登記の処理によって行政的負担は増大することになろうが、一方で山林所得を保障する政策を行うわけであるから、他方では山林所得・所有に関する課税と所有の確認を行う必要があるのである。

　現在も進められているように、所有者の分からない山林は市町村へと所有権を移すか、競売によって新たな所有者を決定すると言った方策が必要となろう。財政措置としてはこれらの方策に加えて、再造林補助のあり方を、苗木生産や植林が良質な雇用となるべく考え直す必要があろう。単価に縛りを設けない定額の補助金としなければ、林業従事者の低賃金労働は改善しないからである。

　以上、森林と林業の再生を促すことができると考えられる、三つの財政政策について論じてきた。しつこく強調するが、本章の主張は国税森林環境税・譲与税による川上への財政の注入は木材価格の下落に帰結するため、林業の持続可能性を担保することにならないということである。それゆえ、FITによる木材需要の増加と木材価格の上昇、公平性を担保しつつ川上に資金を還流させる炭素税改革、公平性を担保し山林所有の適正化図るための所得税・固定資産税改革が必要であると論じてきたのである。

　しかし、誤解しないで欲しいのは、だからといって林道の整備や植林・間

伐の補助が不要であると主張しているわけではない。気候や土壌の違いがあるため一概に比較することはできないが、日本の林道密度はオーストリアの25%程度にとどまっており、低い林業生産性の原因の一つにもなっている。これらの財政需要を認めるのであれば、一般会計の枠内で、①国庫補助率を引き上げる、②基準財政需要額の算定での評価を高めるということをまずは検討するべきであろう。

　これまで行われてきた地方独自の森林環境税についても、検証は必要であるものの、再検討するべきである。市町村では独自課税の検討が難しいとして、林業費に限定したブロック補助金とする場合であっても国税森林環境税・譲与税のような不公平な負担や不明瞭な配分方法を採用するべきではないだろう。例えば学校や行政における国産材の利用促進を図る必要性も否定しないが、その場合であっても、譲与税を基金に積み立てておくという方法よりは、国産材を利用した場合の国庫補助率の引き揚げや基準財政需要額の積み増しという方法の方が望ましいからである。

　本章では日本における森林・林業・木材産業の現状について確認し、林業と財政との関係性について考察を進めてきた。本書で再三に渡り確認されてきたように、国税森林環境税・譲与税は数多くの租税論的・補助金論的問題を抱えている。しかも、本章で確認したようにいくら川上に森林整備の補助金を注入しても、川下でささやかな国産材の需要喚起をしても、森林と林業を十分に持続可能なものにすることは難しい。林業補助の財政需要だけを考えるのではなく、木材産業のバリューチェーン全体を観察し、林業事業体・林業従事者にお金が回る構造を作らなければ、林業の持続可能性を高めることはできないのである。

　本章では筆者の考え得る財政分野の対策を示した。しかし、重要なことは木材需要が増加し、木材価格が上昇し、林業事業体の価格交渉力がエンパワメントされ、林業従事者の生活が保障され、生産性の上昇とともに賃金が上がり、自ずから新規就労者が増加し、地域における良質な雇用可能性が開か

れることである。この目標を達成するための財政政策とは何か、不断の議論が求められよう。

【参考文献】

青木健太郎、植木達人編著（2020）『地域林業のすすめ―林業先進国オーストリアに学ぶ地域資源活用のしくみ―』築地書館。
金子勝、児玉達彦（2004）『逆システム学』岩波新書。
岸修司（2013）『ドイツ林業と日本の森林』築地書館。
木村憲一郎（2017）「2000年代以降における都道府県林務行政組織の変容に関する実証的研究―林務職員数の変化と福島県の事例調査を中心に―」『林業経済研究』Vol.63、No.3、32-41頁。
佐藤一光（2014）「環境と財政のパースペクティブ―2000年代の小さな激変」小西千砂夫編『日本財政の現代史Ⅲ―財政改革とその行き詰まり2001年～』有斐閣、153-172頁。
田家明（2014）「国有林野事業の一般会計化について」『農業研究』第27号、215-278頁。
田中敦夫（2019）『絶望の林業』新泉社。
當山啓介他（2017）「木質バイオマス需要と最適伐期、最適間伐体系の関係―栃木県北地域をモデルとして―」『日林誌』99、251-258頁。
松沢裕作編（2019）『森林と権力の比較史』勉誠出版。
三木淳朗（2018）「「緑の雇用」事業による人材育成と「資源の利用期」下での課題」『林業経済研究』vol.64、No.1、4-13頁。
諸富徹、沼尾波子編著（2012）『水と森の財政学』日本評論社。

〈本研究はJSPS科研費19H04332の助成を受けたものです。〉

おわりに

青木　宗明

　以上6編の論考、いかがだったであろうか。国税・森林環境税の導入がな
ぜ批判されるべきなのか、そして2024年の増税が阻止されるべきはなぜか、
本書を通してご理解いただけたであろうか。

　専門家のわれわれが、このような書籍という形で声高に批判を強めねばな
らないほどに、国税・森林環境税は問題だらけである。端的に言えば、さま
ざまな圧力によって歪められた結果、理論にも理屈にも合わない制度になり、
森林整備や林業活性化の役に立つとはとても思えない危険な代物になってし
まっているのである。

　この問題点への理解が広く社会に浸透し、われわれの論考が多少なりとも
みなさまのお役に立てることを願っている。執筆者一同、できる限り分かり
やすくお伝えするように努め、現時点でできることはやりきったつもりであ
る。もちろん、各論点の掘り下げや分析視点の多様化などの点で、まだまだ
足りない部分はあるかもしれない。しかし、国税・森林環境税および森林環
境譲与税の抱える深刻な問題点については、すべて残さず明らかにし、明快
な形でお示しできたと思っている。

　ただし、これでわれわれの任務が完了したわけではない。問題だらけの国
税・森林環境税を批判するのは絶対に必要で、それ自体が重要な意義を有し
ていたが、ここで終えてしまっては、批判しただけになってしまう。長年に
わたって森林行政に関わりを持ち、森林整備の拡充と林業の復興を願うわれ
われとすれば、「正しい道」を模索しなくてはならない。不適格の烙印を押し
た国税・森林環境税に代わる、正しい財源確保の手法を提案するところまで

やらねばならないと考えているのである。

　そのために、すでに部分的に着手し始めているのが、37 の府県で実施されている「府県・森林環境税」の研究である。府県レベルの森林環境税については、導入への議論が始められた頃から構想に関わってきた。早いもので、すでに約 20 年の月日が経とうとしている。そこで、いくつかの自治体にてサンプリング調査を行いつつ、府県・森林環境税の現時点での総括を行おうとしているのである。

　この研究を通して、森林整備の正しい財源のあり方が浮かび上がってくるのではないか、あるいは正しいあり方への重要な「道しるべ」を発見できるのではないかと期待している。折からの感染症クライシス（新型コロナ禍）により、2020 年から各地の自治体へ視察やヒアリングに赴くことの難しい状況が続いているが、できるだけ早期に調査を再会し、研究を推し進めたいと願っている。地方税財政と森林・林業に関心あるみなさまに向けて、研究の成果をできるだけ早くお示ししたいと考えているので、ご期待いただければ幸いである。

索　引

編者・著者紹介（執筆分担）

青木　宗明（あおき　むねあき）　第1章
神奈川大学経営学部 教授
1959（昭和34）年生まれ
法政大学大学院 社会科学研究科経済学専攻博士課程単位取得退学・修士（経済学）
主著　『苦悩する農山村の財政学』（共著）公人社、2008年
『2000年代の地方財政ー地方分権後の地方自治の軽視と税財政の弱体化ー』（税財政研究会レポート、共著）地方自治総合研究所、2017年
「地方独自財源の展望〜応益から原因者課税へ転換した『宮島訪問税（仮)』」『税研』（215号、Vol.36、No.5）日本税務研究センター、2021年

飛田　博史（とびた　ひろし）　第2章
（公財）地方自治総合研究所研究員
1964（昭和39）年生まれ
明治大学大学院政治経済学研究科博士後期課程単位取得退学・修士（経済学）
主著　「国税森林環境税・譲与税の創設の経緯とその問題点」『自治総研』第487号、2019年
『財政の自治』公人社、2013年
「農山村における財源保障の危機」青木宗明編著『苦悩する農山村の財政学』公人社、2008年

吉弘　憲介（よしひろ　けんすけ）　第3章
桃山学院大学　准教授
1980年（昭和55年）生まれ
東京大学大学院経済学研究科博士課程単位取得退学・修士（経済学）
主著　「譲与基準の分析から明らかになる国税・森林環境税の問題点と，本来あるべき森林整備財源の配分基準」『日本地方財政学会叢書』、2020年
「森林環境税をどう考えるか――森林環境税の理論と実態に関する試論」『都市問題』、111巻2号、2020年
「地理情報システムを用いた公共施設分析―大阪府内の公立図書館を題材に－」『日本地方財政学会叢書』、2019年

其田　茂樹（そのだ　しげき）　第4章
（公財）地方自治総合研究所研究員
1973（昭和48）年生まれ
横浜国立大学大学院国際社会科学研究科博士課程後期単位取得退学・修士（経済学）
主著　「公共交通政策とナショナル・ミニマム」門野圭司編『生活を支える社会のしくみを考える』日本経済評論社、2019年
　「地方財政制度の概要と課題」福島康仁編『地方自治論（第2版）』弘文堂、2018年
　『不寛容の時代を生きる』（自治総研ブックレット20、編者）公人社、2018年

清水　雅貴（しみず　まさたか）　第5章
和光大学経済経営学部 教授
1978（昭和53）年生まれ
横浜国立大学大学院国際社会科学研究科博士課程後期単位取得退学・修士（経済学）
主著　「東北地方5県における水源・森林環境税に関する研究—高税率設定の意義と支出事業との関係性をめぐって—」自治総研 第472号、2018年
　「神奈川県水源環境税による施策の検証と課題 - 市町村交付金をめぐる県と市町村との役割を中心に」諸富徹・沼尾波子編著『水と森の財政学』日本経済評論社、2012年
　「森林・水源環境税の政策手段分析—神奈川県の水源環境税を素材に」諸富徹編著『環境ガバナンス叢書第7巻環境政策のポリシー・ミックス』ミネルヴァ書房、2009年

佐藤　一光（さとう　かずあき）　第6章
東京経済大学経済学部　准教授
1979（昭和54）年生まれ
慶應義塾大学経済学研究科後期博士課程修了・博士（経済学）
主著　『環境税の日独比較：財政学から見た租税構造と導入過程』慶應義塾
　出版会、2016年
　「デフレーションの再検討」四方理人・宮﨑雅人・田中聡一郎編著『収縮経済下の公共政策』慶應義塾出版会、2018年
　「〈木質バイオマス経済〉の総合的分析」、『Artes Liberales』No. 105、2019年

自治総研ブックス 16

国税・森林環境税

―問題だらけの増税―

2021 年 7 月 28 日　第 1 版第 1 刷発行

編　者　　青木宗明
発行人　　武内英晴
発行所　　公人の友社
　　　　　〒 112-0002　東京都文京区小石川 5-26-8
　　　　　TEL 03-3811-5701　　FAX 03-3811-5795
　　　　　e-mail: info@koujinnotomo.com
　　　　　http://koujinnotomo.com/
印刷所　　モリモト印刷株式会社

ISBN978-4-87555-867-5